Marga Bührig

Die unsichtbare Frau und der Gott der Väter

Eine Einführung in die feministische Theologie

Kreuz Verlag

CIP-Kurztitelaufnahme der Deutschen Bibliothek

Bührig, Marga:
Die unsichtbare Frau und der Gott der Väter:
e. Einf. in d. feminist. Theologie / Marga
Bührig. – 1. Aufl. – Stuttgart: Kreuz Verlag, 1987.
ISBN 3-7831-0863-2

© by Dieter Breitsohl AG
Literarische Agentur Zürich 1987
Alle deutschsprachigen Rechte
beim Kreuz Verlag Stuttgart
1. Auflage
Kreuz Verlag Stuttgart 1987
Umschlaggestaltung: HF Ottmann
Gesamtherstellung: Ebner Ulm

ISBN 3 7831 0863 2

Inhalt

Vorwort

Wozu eine Einführung in die feministische Theologie? Dazu gibt es doch so viele gute Bücher, und die Liste derjenigen, die unbedingt zu lesen wären, verlängert sich ständig. Trotzdem stoßen diejenigen, die oft eingeladen werden, sich zu diesem Thema zu äußern, auf die immer gleiche Frage: »Was ist denn das eigentlich, feministische Theologie? Und warum braucht ihr dieses Wort überhaupt?« In Diskussionen mit Frauen und immer öfter auch mit Männern stelle ich fest, daß es manchen ähnlich geht wie mir: Problembewußtsein und Sachkenntnis halten nur mühsam Schritt mit der Fülle des Angebots an immer differenzierter werdender Literatur. Die Entstehung des vorliegenden Buches hat mit dieser Situation zu tun.

In einer Zeit, in der ich selbst nach Klärung und Standortbestimmung suchte, erreichte mich das Angebot eines Lehrauftrags an der (katholischen) Theologischen Fakultät Luzern: fünf Doppelstunden zum Thema »Frauen in Theologie und Kirche«. Nach einigem Zögern nahm ich an, auch überredet von Frauen, die im Hintergrund am Zustandekommen dieses Lehrauftrags beteiligt waren. Für mich war es eine Herausforderung, einen eigenen Überblick zu versuchen. Hier sind die Vorlesungen, so, wie sie gehalten wurden. Der ursprüngliche Stil und Wortlaut wurden absichtlich beibehalten. Ich hoffe, daß Leserinnen und Leser etwas von der Faszination spüren, mit der ich an diese Arbeit herangegangen bin.

7

Dem Charakter des Auftrags entsprechend – es sollte eine erste Übersicht über die Thematik sein – erhebt diese Einführung keinen Anspruch auf Vollständigkeit. Schwerpunkte und zitierte Werke sind subjektiv gewählt. Zu den sehr zahlreichen Zitaten noch ein Wort: Ich hoffe, daß ich meine theologischen Schwestern richtig zitiert habe, richtig nicht im herkömmlichen Sinn, das versteht sich von selbst, sondern sinngemäß und fair, auch dort, wo ich mich kritisch geäußert habe. Wir haben immer gesagt, feministische Theologie entstehe im Gespräch und lebe von diesem. So sind die Zitate als Gespräch mit denen zu verstehen, auf die ich mich auf Grund meiner eigenen Lebenserfahrung bezogen habe. Im vorläufig letzten Teil dieses Gesprächs entstand im Verlag der Titel: »Die unsichtbare Frau und der Gott der Väter.« Er entspricht genau der inneren Linie dieser Vorlesungen.

Mein Dank gilt allen Gesprächspartnerinnen, aber auch auf besondere Weise der Theologischen Fakultät Luzern und den Hörerinnen und Hörern dieser Vorlesungen. Ich hoffe, daß unter ihnen und einem weiteren Kreis von Leserinnen und Lesern das begonnene Gespräch weitergeht.

»Frauen
sind unsichtbar«

Methodische Überlegungen

Frauen in Theologie und Kirche, dieses Thema kann man auf sehr verschiedene Weise anpacken. Man könnte zum Beispiel den großen Frauengestalten der Vergangenheit nachgehen, ihren Spuren folgen und daraus so etwas wie einen Weg der Frau durch die Jahrhunderte nachzeichnen. Die große Schwierigkeit dabei ist nur, daß es relativ wenige und außerdem nur eine bestimmte Art von Frauen sind, die da vorkommen würden. Es müßte sich um Frauen handeln, die sich auf irgendeinem Gebiet hervorgetan haben und bekannt geworden sind, fast möchte ich sagen, trotz der Tatsache, daß sie Frauen waren. Ich finde es sehr wichtig, daß wir dem Leben und Schicksal solcher Frauen nachgehen, aber wenn wir es tun, müssen wir ein Ziel im Auge haben, müssen wir uns zuvor Kriterien erarbeiten, nach denen wir diesen Spuren nachgehen wollen. Woher soll ich diese Kriterien nehmen? Soll ich versuchen klarzumachen, daß Frauen an verschiedenen Punkten der Geschichte, der Kirchengeschichte in diesem Fall, ebenso gut waren wie die Männer (damit würde ich bereits diese als Norm setzen), oder soll ich im Gegenteil die Andersartigkeit weiblicher Frömmigkeit und weiblichen Denkens an diesen Gestalten erhellen? Dadurch geriete ich in die Gefahr, das bestehende Stereotyp, was männlich und was weiblich ist, zu verstärken. Sicher ist jedenfalls, daß ich mir klarmachen müßte, nach welchen Kriterien meine Suche und meine Darstellung zu geschehen hätten, und erst wenn ich diese Kriterien hätte, könnte ich das tun. Es wird heute übrigens vielfach versucht, nämlich immer dann, wenn Frauen selbst sich aufmachen, um nach ihrer Geschichte zu fragen. Auf diese Weise scheint mir diese Suche auch sehr sinnvoll und sehr legitim zu sein. Ich werde sicher im Laufe dieses Buches an Frauengestalten vorbeikommen, aber sie sollen nicht den Hauptteil meiner Überlegungen ausmachen.

Eine andere Möglichkeit wäre es, dem nachzugehen, was andere über Frauen gedacht haben, was zum Beispiel Theologen und Kirchenväter über Frauen gesagt und gedacht haben. Aber auch hier gilt ähnliches wie das bereits vorher Gesagte, und zudem müßten wir bei diesem Unterfangen eine Tatsache ernst nehmen: Diejenigen, die sich über Frauen Gedanken gemacht haben, sind von der Zeit des Apostels Paulus, ja aller Verfasser neutestamentlicher Schriften an Männer gewesen. Nun ist es ja zweifellos interessant und notwendig, diese Konzepte kennenzulernen, sie sagen sowohl über uns etwas aus als auch über diejenigen, die sie entworfen haben, aber als heutige Frau und Theologin möchte ich mich doch nicht einfach auf die Gültigkeit dieser Aussagen verlassen. Ich habe in der Ökumene gelernt, daß ich die Theologie von Afrikanern, Asiaten und Lateinamerikanern nur verstehen kann, wenn ich ihnen selbst zuhöre, daß ich sie also nicht durch die Brille meiner eigenen kirchlichen Tradition und Theologie sehen darf. Das gilt natürlich auch für die Texte aus der Vergangenheit. Auch hier haben wir ja gelernt zu fragen, unter welchen Bedingungen und mit welchen Zielsetzungen und zur Vertretung welcher Interessen die Verfasser diese Texte geschrieben haben. Aber auch diese Methode kann ich eigentlich erst anwenden, wenn ich, so gut es mir möglich ist, auf die Stimmen der Betroffenen, in diesem Fall also der Frauen, gehört habe. Ich will und werde darum zunächst einmal darauf verzichten, mich mit männlichen Konzeptionen von dem, was Frauen sind oder sein sollten, auseinanderzusetzen. Auf die Dauer wird das natürlich nicht möglich sein.

Nachdem ich also diese beiden Möglichkeiten ausgeschieden habe, befinde ich mich in einer großen Verlegenheit. Ich will diese mit dem Titel der Zeitschrift CONCILIUM vom Dezember 1985 umschreiben. Dieser Titel heißt: »Frauen – unsichtbar in Theologie und Kirche«. Wie kann ich Unsichtbare sichtbar machen? Wie kann ich Stumme oder Verstummte oder zum Schweigen Gebrachte hörbar machen? Doch zunächst will ich mich mit dem Phänomen unserer Unsichtbarkeit auseinandersetzen. Auf den ersten Blick erscheint diese ja paradox. Wer eine Kirche zum Besuch eines Gottesdienstes betritt, wird jedenfalls in unseren Breitengraden überall Frauen sehen, mehr Frauen als Männer als Teilnehmerinnen am Gottesdienst, als Empfängerinnen der Sakramente. Sie sind also doch nicht unsichtbar, man sieht sie gut, und ohne sie würde man vermutlich viele leere Kirchenbänke sehen. Aber die Behauptung, Frauen seien unsichtbar, bezieht sich nicht auf diese sehr simple Tatsache. Um zunächst ein Beispiel aus dem Ökumenischen Rat der Kirchen zu zitieren, greife ich auf die letzte Nummer der Zeitschrift »One World« zurück. Darin konstatiert eine amerikanische Theologin, Constance Parvey, daß die als sehr erfolgreich betrachtete Studie des ÖRK mit dem Titel »Die Gemeinschaft von Frauen und Männern in der Kirche« verschwunden sei. Wörtlich zitiert:

»*Sheffield* (wo die abschließende Konferenz dieser Studie stattgefunden hat) *ist zum Schweigen gebracht worden...* *Nicht mit Gewalt durch irgend jemand zum Schweigen gebracht worden, sondern einfach nicht zur Kenntnis genommen worden durch diejenigen, die Prioritäten setzen in der Theologie der Kirche und in der theologischen Ausbildung.*« Und sie fragt weiter: »*Wo haben männliche Theologen – und ich denke besonders an diejenigen, die Mitglieder der Arbeitsgruppe Glaube und Kirchenverfassung sind – die Studie als Teil ihrer Vorlesungen in Ekklesiologie oder Lehre von den Sakramenten gebraucht?*«[1]

Die Studie war in Zusammenarbeit zwischen der Frauenabteilung und der mächtigen Abteilung »Glaube und Kirchen-verfassung« veranstaltet und mit großem Beifall verabschie-det worden. An der letzten Vollversammlung des ÖRK in Vancouver 1983 wurde versprochen, daß sie weitergeführt werden und überall gebraucht werden sollte, aber in so kurzer Zeit ist sie verschwunden. Natürlich liegt sie in allen einschlä-gigen Buchhandlungen zum Verkauf auf, sie wird auch in den meisten Seminaren Bestandteil einer Bibliothek sein. Aber was nützt das, wenn sie nicht gebraucht wird? Ergebnis: »Frauen bleiben unsichtbar.«

In der erwähnten Nummer von CONCILIUM beschreibt Eli-sabeth Schüssler-Fiorenza, eine bekannte deutsch-amerika-nische katholische Theologin, diesen Zustand der Unsicht-barkeit noch etwas näher. Sie bezieht sich auf die bekannten Paulustexte, daß die Frauen schweigen sollten in der Gemein-de (1. Korinther 14, 33.34 und 1. Timotheus 2, 11–14), und fährt dann fort:

»Einige Leser mögen diese bis zum Überdruß zitierten und strapazierten Bibelzitate nicht mehr hören wollen. Und den-noch wird auch noch heute daran festgehalten und hervor-gehoben, daß die Frau theologisch in der Kirche nichts zu sagen hat. Noch im Mai dieses Jahres (1985) wurde es der führenden feministischen Theologin in Europa, der niederlän-dischen Professorin Catharina Halkes, verweigert, an den Papst während seines Besuches in den Niederlanden das Wort zu richten. Und auch wenn wir Frauen Theologie studieren dürfen, werden wir nur selten Professorinnen an wichtigen, einflußreichen theologischen Fakultäten und anderen Einrich-tungen.«

Dazu eine Zwischenbemerkung. Elisabeth Gössmann, Pro-fessorin für »Christian studies« an einer japanischen Univer-sität, hat nach erreichter Habilitation an 17 deutschen Uni-versitäten vergeblich versucht, einen Lehrstuhl zu erhalten, obschon ihre Qualifikation unbestritten ist. Die letzte Hoch-schule, die sie ablehnte, hat als Begründung ihr Alter ange-geben.

Doch nochmals zurück zu Elisabeth Schüssler-Fiorenza. Sie stellt fest, daß Frauen, Theologinnen, nirgends am Lehramt der Kirche teilhaben, daß sie nicht als Expertinnen beigezogen werden, daß auch ihre theologische Arbeit in den Handbüchern der Theologie nicht vorkomme und in Diskussionen nicht zur Sprache gebracht werde, und sie schließt diese Ausführungen mit der besonders betrüblichen Feststellung, daß auch die Befreiungstheologen sie nicht zur Kenntnis nehmen. Dazu schließlich noch ein paar Sätze von ihr selber:

»Dieses gezielte bzw. unbewußte Zum-schweigen-Bringen der Frau in der Kirche führt dazu, daß wir kirchlich und theologisch unsichtbar sind. Obwohl die Mehrheit derjenigen, die noch zur Kirche gehen oder sich zum Ordensleben entscheiden, Frauen sind, wird die Kirche offiziell nur von Männern vertreten. Obwohl man in bezug auf die Kirche von ›sie‹ redet und sie ›unsere Mutterkirche‹ nennt, wird sie nur von ›Vätern‹ und ›Brüdern‹ personifiziert und geleitet. Wenn wir von der Kirche reden, sehen wir also vor unseren Augen den Papst in Rom, Bischöfe bzw. Pfarrer, Kardinäle und Monsignori, Diakone und Ministranten: lauter Männer...«[2]

Sie werden nun mit Recht sagen, daß ich als Protestantin von meiner eigener Kirche nicht das gleiche sagen könnte. Das stimmt bis zu einem gewissen Grad, aber auch bei uns ist es so, daß die Änderungen sehr langsam vor sich gehen, und je »höher hinauf« in der Kirche wir kommen, desto weniger Frauen finden wir dort. Daß im übrigen die Probleme sehr viel tiefer gehen als nur bis zur zahlenmäßigen Vertretung, wird sich im Lauf dieser Ausführungen noch zeigen müssen. Jedenfalls ist auch in unserer Kirche die »Brüderlichkeit« stärker vertreten, wenigstens verbal, und die Schwestern sollen sich immer als mitgemeint verstehen, von unserem großen Hilfswerk »Brot für Brüder« ganz zu schweigen. Dort verstehe ich ja noch, daß es heute schwierig wäre, den Namen, der sich eingeprägt hat, zu ändern, aber wenn ich mir fast in jeder Predigt anhören muß, daß man eben als Christ (nie als Christin) brüderlich zu sein habe, oder wenn immer

13

vom Gott unserer Väter die Rede ist, als hätte es nicht auch Mütter des Glaubens gegeben, dann erlebe ich genau dasselbe, was Elisabeth Schüssler-Fiorenza beschreibt. Sie können sagen, das seien Kleinigkeiten (und das wird oft gesagt), aber ich bin davon überzeugt, daß unsere Sprache viel mehr, als uns lieb ist, von unseren wirklichen Wertvorstellungen und von den festgefügten gesellschaftlichen und kirchlichen Strukturen verrät. Viele Frauen sind heute hellhörig geworden, viele von uns haben dabei aber auch festgestellt, wie lange wir selbst uns an diesen Ausdrücken überhaupt nicht gestoßen haben, ja wie wir sie selbst gebraucht haben. Ich habe im Zusammenhang mit einem Buch, das ich schreibe, viele alte Texte von mir selbst durchgelesen und festgestellt, daß ich ganz genauso geredet und erst in den letzten Jahren angefangen habe umzulernen. Auch wir Frauen sind in einer androzentrischen Denkweise sozialisiert worden.

Ich habe mich also entschlossen, dieses Faktum, das ich vorläufig mit »Unsichtbarkeit der Frauen« benannt habe, als Ausgangspunkt meiner Reflexionen zu nehmen. Es darf meiner Meinung nach nicht verharmlost werden, sondern muß eben zur Grundlage, zum Ausgangspunkt alles weiteren gemacht werden. Wenn wir zu rasch davon absehen und darüber hinweggehen, können wir zwar sehr schöne Theorien über das Wesen oder die Gaben oder den Dienst der Frau produzieren, doch diese stehen sozusagen im luftleeren Raum, haben keine Beziehung zur Realität.

Um meinen Ausgangspunkt noch etwas besser zu beschreiben und zu begründen, möchte ich zwei Gedanken noch etwas weiterführen. Elisabeth Schüssler-Fiorenza sagt in dem bereits zitierten Aufsatz:

»Nicht durch Zufall oder auf Grund irgendeines Versagens sind wir Frauen als Kirche unsichtbar, sondern durch patriarchalische Gesetze, die uns unseres Geschlechtes wegen vom kirchlichen Amt ausschließen... Das Schweigen und die Unsichtbarkeit der Frauen wurde von den patriarchalischen Strukturen der Kirche verursacht und wird von einer andro-

zentrischen, d. h. von Männern definierten Theologie auf-
rechterhalten...«[3]

In der Praxis bedeutet das, daß Frauen in Theologie und
Kirche nicht als Subjekte auftreten, auch wenn das so scheinen mag, sondern immer auf einem ihnen zugewiesenen Platz
und in einer von ihnen erwarteten Rolle. Nun gilt das
innerhalb des Patriarchats auch von Männern, zum Beispiel
für die sogenannten Laien könnte man ähnliches sagen, für
Männer und Frauen, aber trotzdem bleibt der Unterschied,
daß die Frau, daß Frauen, auch wenn es noch andere Über-
und Unterordnungsverhältnisse gibt, den Männern gegenüber immer zweite sind. Sie sind in einem gewissen Sinn
Objekte, nicht aus eigenem Antrieb handelnde Subjekte.
  Vielleicht fragen Sie sich, wo das angefangen hat. Ich
möchte in diesem Moment keine Spekulationen über die
Herkunft des Patriarchats anstellen, sondern sehr viel einfa-
cher und vielleicht unwissenschaftlicher auf ganz bekannte
Dinge zurückgreifen, von denen ich allerdings sagen muß,
daß ich sie durch sehr viele Jahre meines Lebens hindurch
selber nicht bemerkt habe. Ich möchte Sie an die Geschichte
von Ostern erinnern. In allen vier Evangelien wird berichtet,
daß Frauen die ersten waren, die zum Grab von Jesus gingen.
Die Berichte unterscheiden sich in Einzelheiten, die hier
nichts zur Sache tun, die Namen der Frauen stimmen auch
nicht ganz überein bis auf eine, die überall genannt wird,
nämlich Maria aus Magdala, in unserer Tradition Maria
Magdalena genannt. Die Ortsbezeichnung, die Herkunftsbe-
zeichnung ist zum Eigennamen geworden. Frauen oder eine
Frau erhalten als erste die Botschaft von der Auferstehung,
der Auferstandene begegnet ihnen selbst, oder Engel vermitteln ihnen die Kunde von seiner Auferstehung, sie sollen den
Jüngern die gute Botschaft überbringen. Markus berichtet,
daß sie das aus Angst nicht getan hätten, Lukas erzählt, die
Jünger hätten ihnen nicht geglaubt, und bei Matthäus heißt es
ebenfalls, die Jünger hätten den Frauen nicht geglaubt, aber
gleich danach wird erzählt, der Auferstandene sei zwei Jün-

15

gern erschienen, und auch diesen sei nicht geglaubt worden. Johannes erzählt bekanntlich die Geschichte ganz anders, er schildert die Begegnung zwischen dem Auferstandenen und Maria Magdalena, die ihn erst erkannte, als er sie beim Namen rief. Doch wie immer, bei allen vier Evangelisten stehen Frauen am Anfang der Begegnungen mit dem Auferstandenen. Um so erstaunlicher ist es, daß wir im 1. Korintherbrief des Apostels Paulus im 15. Kapitel, das von der Auferstehung Christi und der Auferstehung der Toten handelt, in der Reihe der ersten Zeugen der Auferstehung die Frauen nicht mehr finden. Nun ist der 1. Korintherbrief älter als die Evangelien, das Markus-Evangelium ist um das Jahr 70 entstanden, der 1. Korintherbrief sicher etwa 20 Jahre vorher. Paulus kann also die Geschichte in der Form, in der wir sie heute kennen, nicht gekannt haben. Er kannte aber sicher die mündliche Überlieferung, und in dieser haben bestimmt die Frauen nicht gefehlt. Er aber zählt in 1. Korinther 15, 4 ff. die folgenden ersten Zeugen auf:

»Denn ich habe euch in erster Linie überliefert, was ich auch empfangen habe, daß Christus für unsere Sünden gestorben ist, nach den Schriften, und daß er begraben und daß er auferweckt worden ist am dritten Tag, nach den Schriften, und daß er dem Kephas erschien, dann den Zwölfen. Hernach erschien er mehr als 500 Brüdern auf einmal, von denen die Mehrzahl bis jetzt noch am Leben ist, einige aber entschlafen sind. Hernach erschien er dem Jakobus, dann den Aposteln allen. Zuletzt aber von allen erschien er gleichsam als der Fehlgeburt auch mir.«

Ich habe in verschiedenen mir leicht zugänglichen evangelischen Kommentaren und der Schrift von Karl Barth »Die Auferstehung der Toten« die Erklärungen nachgelesen, die zu dieser Stelle gegeben werden. Kein einziger dieser Männer, die sich viele Gedanken über den Sinn dieser Stelle machen, die auch Vergleiche anstellen zwischen den Berichten der Evangelien und den Darlegungen von Paulus, erwähnt auch nur mit einem Wort, daß die Frauen hier fehlen.

16

Für Karl Barth ist sowieso klar, daß nur eines an dieser Stelle wichtig ist, nämlich daß Christus auferstanden ist. Für ihn ist es vollkommen gleichgültig, wer hier aufgezählt wird. Er ist ja auch nicht Exeget, sondern Dogmatiker. Exegeten gehen sorgfältiger mit dieser Aufzählung um, kommen aber trotzdem nicht auf den Gedanken, die Frauen zu vermissen. Wenn aber in dem Kommentar von Heinz Dietrich Wendland, der – nebenbei bemerkt – ein großer Frauenfreund war und ist und sich leidenschaftlich für das Pfarramt der Frau und für ihre Gleichberechtigung in der Kirche eingesetzt hat, gesagt wird, daß diese Aufzählung eine Reihe der einmaligen, »kirchenbegründenden« Ostererscheinungen sei, dann muß man sich doch fragen, ob es so gleichgültig ist, daß die Frauen vergessen worden sind, und zwar gerade dort, wo es um Kirche begründende Ereignisse geht. Frauen haben Platz, wenn es um Begegnungen und lebendigen Glauben geht, aber als in der Öffentlichkeit, auch in der kirchlichen Öffentlichkeit auftretende Zeuginnen wären sie nicht glaubwürdig. Das hat sich ja immer erwiesen im Lauf der Geschichte. Viele Frauen heute kränkt es aber, daß hier die Frauen fehlen, und man kann anfangen sich auszumalen, wie die Geschichte der Kirche verlaufen wäre, wenn Paulus sie nicht übersehen, vergessen, jedenfalls wenn er sie erwähnt hätte. Aber sie sind schon hier zu Beginn der Geschichte der christlichen Kirche unsichtbar gemacht worden.

Doch auch abgesehen von dem, was heutige Frauen sich wünschen, gibt es ernsthafte neuere Forschungen darüber von Frauen und Männern. Manches hat man schon lange gewußt, aber ebensowenig für bedeutungsvoll gehalten wie die vorhin erwähnten »vergessenen« Berichte. Es handelt sich um die Bedeutung von Maria Magdalena in verschiedenen sogenannten apokryphen Evangelien. Wir alle haben vermutlich einmal gelernt, daß der Kanon eine von göttlichem Geist inspirierte, abgeschlossene, für immer gültige Zusammenstellung der Schriften sei, durch die Gottes Wort uns übermittelt werde. Trotzdem hat sich die Forschung intensiv mit den außerkanonischen Schriften, die nur in Bruchstücken erhalten sind, befaßt und uns jedenfalls das Bild vermittelt, daß die zum Kanon erhobenen Texte Teil einer viel breiteren, lebendigen Überlieferung waren, die in erheblichen Auseinandersetzungen und Kämpfen verschiedener Gruppen auf den Platz gelangten, den sie heute in allen christlichen Kirchen haben. Interessant ist dabei die Beobachtung, daß in einzelnen Schriften Frauen eine andere, bedeutendere Rolle spielen als in den kanonischen Schriften. So wird in der sogenannten »Pistis Sophia«[4] aus einem Gespräch Jesu mit den Jüngern und »den heiligen Frauen« gesagt:

»Aber Maria Magdalena und Johannes, der Jungfräuliche, werden überragen alle meine Jünger, und alle Menschen, die Mysterien in dem Unaussprechlichen empfangen werden, werden zu meiner Rechten und meiner Linken sein...«

Hier wird Maria Magdalena an die erste Stelle gestellt (zusammen mit Johannes, dem Lieblingsjünger) und nicht Petrus. Die Pistis Sophia gehört zu einer gnostischen Tradition, nicht zu der orthodoxen Linie, die hinter dem heutigen gültigen Kanon steht.

In die gleiche Richtung weist ein Text aus dem Evangelium der Maria[5]. Dort wird erzählt, daß die Jünger Jesu Tod betrauern und um ihr Leben fürchten. Maria Magdalena steht auf und ermutigt sie mit den Worten:

»Weint und klagt doch nicht und habt keine Zweifel, denn seine Gnade wird mit euch allen sein und wird euch beschützen.«

Darauf fordert Petrus Maria auf, ihnen zu sagen, an welche Worte Jesu sie sich erinnere. Sie erzählt aber zu ihrer aller Überraschung nichts Vergangenes, sondern beruft sich auf ein Gesicht, eine Vision, die sie gehabt hat, also auf eine weitergehende Offenbarung Jesu. Diese Aussage wird von einem der Jünger, von Andreas, bezweifelt, und Petrus stimmt ihm zu. Er lacht über Maria Magdalena und bezweifelt, daß sie wirklich Jesus gesehen und gehört habe. Dann heißt es:

»Maria weinte und sprach zu Petrus: ›Mein Bruder Petrus, was

18

glaubst du denn? Glaubst du, ich lüge über den Erlöser?‹ Levi entgegnete und sprach zu Petrus: ›Petrus, du bist von jeher aufbrausend gewesen... Wenn der Erlöser sie aber würdig gemacht hat, wer bist denn du, daß du sie verwirfst?‹«

Die These von Elisabeth Schüssler-Fiorenza und von Elaine Pagels: Es gab bis ins 3. und 4. Jahrhundert Gemeinden, in denen Maria Magdalena die erste und entscheidende Zeugin der Auferstehung war, und es gab die »orthodoxen« Gemeinden, in denen Petrus diese Rolle hatte und die darüber hinaus eine Reihe der Männer aufstellte, die Zeugen der Auferstehung waren (vgl. 1. Korinther 15). Diese Reihe war abschließend. Auf dem Zeugnis dieser Männer, deren Erfahrung unwiederholbar ist, beruht die Kirche, denn nur in ihrer Sukzession (oder jedenfalls im glaubenden Annehmen ihres Zeugnisses) beruht die Autorität der richtigen Kirche. In der Nachfolge der Maria Magdalena läuft es anders. Erinnern Sie sich an den Text aus der »Pistis Sophia«: *»Alle Menschen, die Mysterien in dem Unaussprechlichen empfangen werden, werden zu meiner Rechten und meiner Linken sein.«* Das heißt doch, daß auch über einen bestimmten Kreis hinaus gültige Gotteserfahrung, ja ich wage es zu sagen: Offenbarung des Auferstandenen möglich ist. Diesen Thesen wäre weiter nachzugehen, was in dieser Vorlesung nicht möglich ist.

Einer anderen ähnlichen Begebenheit ist Elisabeth Moltmann nachgegangen[6]. Sie weist darauf hin, daß Martha in der kirchlichen Tradition (entsprechend der Erzählung des Lukas in Kapitel 10, 38ff.) fast immer nur als die Hausfrau gesehen wird, die es bei jenem Besuch Jesu bei den beiden Schwestern Martha und Maria versäumt hat, das Richtige zu tun, nämlich konzentriert auf die Worte Jesu zu hören statt ihren Pflichten als Gastgeberin nachzugehen. Dieselbe Martha ist aber auch aktiv beteiligt in der Geschichte, die uns als die Auferwekkung des Lazarus überliefert worden ist (Johannes 11). Sie war eine Schwester von Lazarus, sie und ihre Schwester Maria hatten Jesus gebeten, zu kommen und Lazarus zu heilen. Als er schließlich kommt, nachdem Lazarus bereits gestorben ist, geht Martha ihm entgegen, fast vorwurfsvoll sagend, daß, wenn er dagewesen wäre, Lazarus nicht gestorben wäre, sie bittet aber trotzdem um Hilfe. In diesem Gespräch, das wiederum um Tod und Auferstehung kreist, sagt Jesus die berühmten Worte: *»Ich bin die Auferstehung und das Leben. Wer an mich glaubt, wird leben, auch wenn er stirbt; und jeder, der lebt und an mich glaubt, wird in Ewigkeit nicht sterben. Glaubst du das?«* Darauf antwortet Martha, und jetzt hören Sie bitte ganz genau zu: *»Ja Herr, ich habe den Glauben gewonnen, daß du der Christus, der Sohn Gottes bist, der in die Welt kommen soll.«* Das klingt fast wörtlich gleich wie das berühmte Petrus-Bekenntnis in Matthäus 16, das, jedenfalls in Ihrer Kirche, zum Kirche begründenden Wort geworden ist. Das Bekenntnis eines Mannes, das Bekenntnis einer Frau. Das eine Kirche begründend, das andere überlesen.

Sicher kann man in diesen beiden biblischen Beispielen vieles anführen, das meine Beobachtungen relativiert. Vor allem im zweiten Fall kann man auf die Reaktion Jesu auf das Bekenntnis des Petrus hinweisen, die im Johannes-Evangelium in dieser Form ja fehlt. Man kann auch zu dem Text aus dem 1. Korintherbrief sagen, es sei ja gar nicht sicher, wer denn dem Auferstandenen wirklich begegnet sei, es gebe viele kritische Rückfragen sowohl an die Berichte der Evangelisten als auch an den Paulus-Text. Ich glaube aber, daß die Tatsache, daß Männer das mit großer Sorgfalt durch die ganze Geschichte von Theologie und Kirche hin getan haben, die Unischtbarkeit der Frau noch verstärkt hat. Mir geht es überhaupt nicht darum nachzuweisen, eine wie große Bedeutung diese Frauen im einzelnen gehabt haben. Es geht mir um die einfache Beobachtung, daß dieselben Mechanismen, die 1983 bis 1985 dazu führten, eine ökumenische Studie »zum Schweigen zu bringen«, bereits zur Zeit des Neuen Testaments gewirkt haben und daß das uns doch nachdenklich machen muß. Es hat offenbar Schemata der Selektion gegeben, die sich durch die ganze Zeit des Patriarchats hindurch als wirksam erwiesen haben. Gegen diese Schemata lehnen sich heutige Frauen, Theologinnen und Nicht-Theologinnen, auf. Sie versuchen ganz bewußt, verschwundene Frauen wieder zu entdecken, schweigende Frauen zum Reden zu bringen, und sie tun das, indem sie selber sich als Subjekte und nicht länger als Objekte männlicher Deutung und männlicher Herrschaft verstehen.

Mit Recht kann man an dieser Stelle die Frage stellen: Warum geschieht das so spät? Ich selbst muß mich auch fragen: Warum habe ich so lange über all das hinweggelesen? In früheren Jahren hätte ich selbst ohne weiteres bejaht, daß doch die Kernaussage der Texte und nicht der Kontext das allein Wichtige sei. So tief ging die Beeinflussung durch die Tradition, die eben von Männern gesteuert war, daß viele von uns durch viele Jahre von einer Benachteiligung überhaupt nichts gemerkt haben. Doch abgesehen vom Biographischen, wo manches über Familie, Religionsunterricht, Autoritätsgläubigkeit, Einfluß der Verkündigung usw. gesagt werden könnte, ist auch von der geschichtlichen Stunde her etwas zu sagen.

Erst seit dem Auftreten der Frauenbewegung, und zwar der sogenannten alten wie der sogenannten neuen Frauenbewegung, von den Zeiten der Aufklärung an bis in unsere Tage, ist ein neues Nachdenken auch in der Kirche möglich geworden. Zwar hat Susanne Woodtli, die ein gutes Buch über »Gleichberechtigung« geschrieben hat, in einem Referat auf Boldern im Jahre 1978 gesagt, es sei ein Irrtum, zu behaupten, die Frauenbewegung gehe auf die Zeit der Aufklärung zurück. Sie selbst habe das in ihrem Buch zwar auch geschrieben, aber nur weil ihr Verleger das wollte, und sie nehme diesen Irrtum hier feierlich zurück. Die Frauenbewegung sei so alt wie das Patriarchat selbst. Trotzdem möchte ich mich hier auf die zeitgeschichtlich und geistesgeschichtlich bedingte Existenz der Frauenbewegung als einer historisch belegten Bewegung, in der Frauen zu Subjekten wurden, beziehen. Diese begann tatsächlich zur Zeit der Aufklärung und der Französischen Revolution. Sie ist eine Bewegung, in der Frauen sich innerlich und äußerlich zu befreien versuchten von dem, was sie nach ihrer wachsenden Erkenntnis

lähmte, verstümmelte, nicht sie selbst werden ließ, zum
Objekt machte, oder wie die Forderungen und Anklagen
lauteten und lauten.

Diese Frauenbewegung ist weitgehend außerhalb, am
Rande oder sogar gegen die Kirche entstanden. Mir
scheint, daß wir das als Christen bedauern müssen. Es ist
eine Anklage gegen den Anspruch des Evangeliums, Menschen zu befreien und Menschen zur Menschenwürde zu
verhelfen, und zwar Männern und Frauen. Nach meinem
Verständnis des Evangeliums hätte eigentlich die Kirche
eine Avantgarde der Frauenbewegung sein müssen und
nicht ihr Schlußlicht. Doch hier zeigen sich meine Träume
von der Kirche, die leider mit der Realität nicht immer
zusammenstimmen. Doch wie immer die historischen Zusammenhänge gewesen sein mögen, es ist sicher auch manches von der Kraft des Evangeliums in die säkulare Frauenbewegung eingegangen, gibt es doch die theologische These, daß gerade in der Säkularisierung wesentliche Elemente
der christlichen Botschaft in weltlicher Form, ohne daß ihr
Ursprung genannt wird und ohne daß bewußt auf diesen
zurückgegriffen wird, Gestalt gewinnen. Halten wir uns
jedoch an die Geschichte, soweit sie uns bekannt ist, und
auf Grund von dieser können wir sicher sagen: Ohne die
Frauenbewegung, die auch in die Kirchen hinein Anstöße
gegeben und Ideen vermittelt hat und wesentlich am Aufbau eines neuen Selbstbewußtseins der Frauen beteiligt
war, wäre es in den Kirchen nicht dazu gekommen, daß
Frauen sich aufgemacht hätten, von sich aus und auf ihre
Art neu nach ihrer eigenen Geschichte zu fragen, ihre Stellung in Theologie und Kirche zu reflektieren und schließlich
bei der Entdeckung zu landen, daß vieles, was sie selber
gesagt und getan hatten, viel mehr, als sie es selbst für
möglich gehalten hätten, von Männern vorgedacht und vor-
bestimmt war. Heute suchen Frauen nach ihrer eigenen
Geschichte und Tradition auch innerhalb der Kirchen. Weil
das so ist und weil die Frauenbewegung dazu Wesentliches
beigetragen hat, möchte ich hier an einige Grundgedanken

dieser Befreiungsbewegung erinnern, bevor ich wieder zur Theologie zurückkehre.

Um zu zeigen, wie nah die beiden Bereiche doch einander waren, möchte ich mit ein paar Sätzen aus dem »Katechismus der Vernunft für edle Frauen« einsetzen, den der Theologe Friedrich Schleiermacher um 1800 herum verfaßt hat, den er aber leider später – wohl unter dem Druck der Kirche – zurückgenommen haben soll. In diesem Katechismus hat er zehn Gebote und ein Glaubensbekenntnis verfaßt. Unter diesen Geboten heißt das zehnte:

»Laß dich gelüsten nach der Männer Bildung, Kunst, Weisheit und Ehre.«

Und im Glaubensbekenntnis heißt der zweite Satz:

»Ich (Frau) glaube, daß ich nicht lebe, um zu gehorchen oder um mich zu zerstreuen, sondern um zu sein und zu werden; und ich glaube an die Macht des Willens und der Bildung, mich dem Unendlichen wieder zu nähern, mich aus den Fesseln der Mißbildung zu erlösen und mich von den Schranken des Geschlechts unabhängig zu machen.«

Diese Sätze sind geprägt vom Glauben der Aufklärung an die Kraft der Vernunft, das Wort Bildung spielt nicht umsonst eine große Rolle. Bildung steht hier auch für das, was wir heute Selbstverwirklichung nennen. Es geht um das Recht der Frau, zu »sein und zu werden«, sich zu befreien von dem, was hier sehr scharf Mißbildung genannt wird. Im Grunde genommen ging es darum, daß Frauen mündige Menschen werden sollten, dafür brauchten sie die Möglichkeit von Bildung und Schulung. So war der Zugang der Frau zu den Hochschulen ein großes Anliegen der alten bürgerlichen Frauenbewegung, und als Konsequenz davon, daß das ein mühseliger Kampf war, entstanden, von Frauen gegründet, die ersten Lehrerinnen- und Kindergärtnerinnen-Seminare und die Schulen für Soziale Arbeit, die übrigens früher Frauenschulen hießen. Es entstanden Berufe, die weitgehend am Leitbild der Frau und Mutter in der Familie orientiert waren, in denen aber auch soziale Anliegen aufgenommen wurden. Eine nicht unbedeutende Rolle spielte das Nichtausgefülltsein gerade bürgerlicher Frauen in der Familie, wo es Dienstboten gab und wo trotz der Kinderzahl vieles an vorhandenem geistigem Potential und Schaffenskraft und Tätigkeitsdrang nicht genutzt wurde. Das galt natürlich noch mehr für die Frauen, die aus irgendwelchen Gründen nicht heiraten wollten oder konnten. Die Frage der politischen Gleichberechtigung stellte sich in verschiedenen Ländern zu verschiedener Zeit. Wir wissen alle, daß das in der Schweiz ein besonders langwieriger Prozeß war und zum Teil noch ist.

Neben dieser Aufbruchsbewegung bürgerlicher Frauen mit ihren vielen verschiedenen Spielarten gab es eine andersgeartete Arbeiterinnenbewegung. Leonhard Ragaz hat schon 1911 den doppelten Ansatz zur Frauenemanzipation erkannt und formuliert:

»Die Dame oben und die Proletarierin unten verkörpern also die aus der wirtschaftlichen Lage entspringende Not der heutigen Frau. Beide sind Schwestern, so wenig sie es glauben möchten.«

Die geistigen Ansätze in der Arbeiterbewegung liegen bei Marx, Engels, Bebel, Clara Zetkin, Rosa Luxemburg und anderen. Die Befreiung der Frau wird hier von Anfang an als Teilfrage der Befreiung des Menschen gesehen. Das wohl wichtigste Buch war das von August Bebel »Frau und Sozialismus«, das 1879 erschien und bis 1973 162 Auflagen erlebt hat. Bebel betont die doppelte Unterdrückung der Frau, das heißt ihre ökonomische Abhängigkeit vom Mann und seine Verfügung über ihren Körper. Die Ehe wird als Versorgungsinstitut und einzige Möglichkeit gesellschaftlich anerkannter sexueller Betätigung gesehen. Infolgedessen werden Frauen zur Fügsamkeit erzogen. Bebel empört sich über die Prostitution und trifft sich hier mit Anliegen der bürgerlichen Frauenbewegung. Er erwartet die Befreiung der Frau durch die Abschaffung der Klassengesellschaft. Die neue Gesellschaft, in der die Frau gleichberechtigt ist, wird enthusiastisch geschildert. Funktionen, welche in der Vergangenheit die Familie ausübte, sollen von öffentlichen Einrichtungen übernommen werden, damit die Frau voll in den Produktionsprozeß eintreten kann. Dadurch wäre ja auch ihre ökonomische Unabhängigkeit vom Mann gewährleistet gewesen.

Sowohl durch die bürgerliche als auch durch die Arbeiter- und Arbeiterinnenbewegung wurden Frauen *sichtbar,* sie wurden auch auf andere Weise als in der Vergangenheit zu einem öffentlichen Thema, nicht immer und überall auf die Art, wie sie selbst es gewünscht hätten. Es gab auch nicht wenige Reibungsflächen mit der Kirche. Ich habe beim Studium der Frauenbewegung gerade in neueren Darstellungen sehr häufig den Hinweis gefunden, daß die Kirchen sich diesen Bestrebungen widersetzt hätten. Andererseits ist zu sagen, daß es vielerorts sowohl auf dem sogenannten Missionsfeld als auch in unserem eigenen Lande kirchliche Kreise und auf katholischer Seite Orden gab, die die ersten Bildungsmöglichkeiten für Mädchen geschaffen haben. Es ist also nicht ganz gerechtfertigt, nur von der Ablehnung oder dem Widerstand kirchlicher Kreise zu sprechen, obschon dieser beträchtlich war. Die Folge dieses Widerstands war und ist bis heute, daß ein großer Teil der in der Frauenbewegung aktiven Frauen den Kontakt zur Kirche verlor. Auch hier soll nur ein historischer Text, diesmal aber von einer Frau, für viele stehen. Er stammt aus dem Buch einer deutschen Frau, Malwida von Meysenbug (1817–1903), »Memoiren einer Idealistin«:

»Zum ersten Mal sagte ich es mir ganz klar, daß man sich von der Autorität der Familie befreien muß, so schmerzlich es auch sein mag, sobald sie zum Tod der Individualität führt und die Freiheit des Gedankens und Gewissens einer bestimmten Form der Überzeugung unterwerfen will. Freiheit der individuellen Überzeugungen und ein Leben diesen gemäß – ist das erste der Rechte und die erste der Pflichten. Bis dahin hatte man die Frauen von diesem heiligen Recht

und dieser ebenso heiligen Pflicht ausgeschlossen; nur die
Kirche und die Ehe hatten das Mädchen berechtigt, den Platz
in der Familie, den ihm die Natur angewiesen, zu verlassen. In
der katholischen Kirche erlaubte man der Jungfrau, nicht nur
die Familie mit dem Kloster zu vertauschen, sondern man
machte ihr ein Verdienst daraus, und durch die Ehe verließ sie
ebenfalls die Familie und folgte dem Gatten. Aber auf den
anderen Gebieten der menschlichen Tätigkeit hatte man es den
Frauen untersagt, eine Überzeugung zu haben und ihr gemäß
zu handeln. Ich sah ein, daß es Zeit sei, dieses Verbot
aufzuheben, und ich sagte mir, daß ich mich selbst nicht mehr
würde achten können, wenn ich nicht den Mut hätte, alles zu
verlassen, um meine Überzeugung durch die Tat zu rechtfer-
tigen.«

Sie selber zog die Konsequenz aus ihrer Haltung, sie verließ
ihre Familie, gründete eine Hamburger Hochschule für Frau-
en, die aber nur kurze Zeit bestand, emigrierte, kehrte sich
von der Kirche ab, wurde Anhängerin von Feuerbach und
befreundete sich später mit Nietzsche. Sie starb 1903 in Rom.
Ihre Memoiren waren für viele Frauen und Mädchen eine
authentische Stimme, auf die sie hörten und in der sie etwas
von sich selbst entdecken konnten.

Wieviel an Veränderung durch die alte Frauenbewegung,
die in den dreißiger Jahren unseres Jahrhunderts zu einem
gewissen Ende kam, wirklich geschehen ist, wird niemand
sagen können. Sicher ist, daß die wirtschaftliche Entwicklung, die Industrialisierung, um es auf eine einfache Formel
zu bringen, sehr viel an Veränderung bewirkt hat, mit dem
sich gerade auch Frauen auseinandersetzen mußten. Im
übrigen ist es heute so, daß Frauen je nach den Bedürfnissen
der Wirtschaft gebraucht oder nicht gebraucht, aus dem
Hause gelockt oder ins Haus verbannt werden, ohne daß sie
sich mit Erfolg dagegen zur Wehr setzen können. Trotzdem
haben die Stimmen der Frauen wesentlich dazu beigetragen,
daß Gleichberechtigung von Frauen und Männern juristisch,
wenn auch oft nicht faktisch, in einem zunehmenden Maß

verwirklicht worden ist, und das ist auch in den Kirchen nicht nur wahrgenommen worden, sondern hat auch zu gewissen Konsequenzen geführt.

An dieser Stelle ist auf die oft vergessene Rolle der konfessionellen Frauenverbände hinzuweisen, die zwar zögernd, aber doch immer mehr die Anliegen der weltlichen Frauenbewegung aufnahmen. Auf Grund eigener Forschungsarbeit und Erinnerung wage ich die Behauptung, daß in der Zeit zwischen der sogenannten alten und der sogenannten neuen Frauenbewegung, auf die ich nachher noch zu sprechen kommen werde, es gerade die Frauenverbände und besonders die kirchlichen, konfessionellen und ökumenischen Frauenverbände waren, die Anliegen der säkularen Frauenbewegung auf ihre Weise aufnahmen und sie an eine große Zahl von Frauen herantrugen, die von der eigentlichen Frauenbewegung nicht oder kaum erfaßt worden waren. Ich denke konkret an die Jahre zwischen dem Ende des Zweiten Weltkriegs und 1968/1970 oder auch später. In dieser Zeit ist in vielen evangelischen und katholischen Verbänden, kleinen und großen Gruppierungen sehr viel aufgearbeitet worden, was in der alten Frauenbewegung angelegt war. Aus meiner eigenen Geschichte erinnere ich mich noch sehr gut, daß ich mich durch viele Jahre gesträubt habe, das Wort Emanzipation positiv zu verstehen und zu gebrauchen. Zwar war ich tatsächlich eine »emanzipierte« Frau, aber ich mochte das Wort nicht. Als Christin hatte ich den Eindruck, da wehre sich etwas gegen Gottes Ordnung, ich habe in einem Text von mir den Ausdruck »wild gewordene Emanzipation« gefunden. Gleichzeitig aber habe ich unzählige Vorträge über den Auftrag der evangelischen – oder der christlichen – Frau in der Gegenwart, über die Auseinandersetzung der christlichen Frau mit der sich verändernden Welt usw. gehalten. Ich war selbstverständlich nicht die einzige, die das getan hat, ich denke zum Beispiel im katholischen Raum an die Bücher von Elisabeth Gössmann und Elisabeth Schüssler, die alle in den frühen sechziger Jahren erschienen sind. Ich denke an eine Vortragsreihe, die die Basler Theologin Dorothee Hoch unter dem Titel »Weg und Aufgabe der Frau heute« 1959 herausgebracht hat, und ich denke an das Buch von Charlotte von Kirschbaum »Die wirkliche Frau«, das 1949 erschienen ist. Hier setzte auf christlicher Seite ein Nachdenken von Frauen über den eigenen Weg ein, und zwar in Auseinandersetzung mit den Gedanken der säkularen Frauenbewegung. Auch der Ökumenische Rat der Kirchen hat bereits in seiner Gründungsversammlung 1948 in Amsterdam eine Kommission über »Leben und Aufgabe der Frau in der Kirche« geschaffen und eine große Umfrage in seinen Mitgliedskirchen veranstaltet, was denn Frauen für Rollen und Funktionen in den Kirchen hätten. Das Ergebnis dieser Umfrage wurde von einer Frau, Kathleen Bliss, publiziert, es wurde in Deutschland vom lutherischen Bayrischen Mütterdienst, auch einem der Werke, die in diese Kategorie gehören, ins Deutsche übersetzt. Das Ergebnis war sehr eindeutig. Es ließ Stimmen von Frauen hörbar werden und zeigte, mit welchen Beschränkungen Frauen in den Kirchen der Welt zu Wort kamen. Daß der Ökumenische Rat dann nicht nur eine Kommission gründete, sondern auch eine bedeutende Frau berief, um diesen Anliegen weiter nachzugehen, war eine sehr fortschrittliche Tat. Diese Frau war Madeleine Barot, eine reformierte Französin. Von ihrer Dienststelle aus sind viele Konsultationen unter Frauen und Männern geplant und durchgeführt worden, sie war es auch, die am Rande des Zweiten Vatikanischen Konzils Frauen aus den Mitgliedskirchen des ÖRK mit den Frauen zusammenführte, die als Auditrices schließlich teilnehmen durften, und die die Initiative ergriff zu einem Treffen und einer Arbeitsgruppe von römisch-katholischen Frauen und Frauen aus den Mitgliedskirchen des Weltkirchenrates sozusagen auf höchster Ebene.

Aus schweizerischer Sicht wäre daran zu erinnern, daß 1958 auf der sogenannten SAFFA, der großen nationalen Ausstellung, die Leben und Arbeit der Frau zeigte, Frauen den Mut und die Initiative hatten, eine ökumenische Kirche zu bauen. Daraus ist eine ökumenische Frauengemeinschaft geworden, deren Zweige bis in die Gegenwart reichen. So sind Stimmen von Frauen hörbar geworden, die Frage ist nur, wer sie wirklich gehört und ernst genommen hat.

Weil jüngere Frauen den Eindruck hatten, daß sie eben nicht gehört und nicht ernst genommen wurden, brach in den sechziger Jahren in den USA, und in Europa mit einiger Phasenverschiebung, die sogenannte zweite Welle der Frauenbewegung auf. Hatte die erste Frauenbewegung Gleichberechtigung innerhalb eines unveränderten Systems verlangt, so ging es den Frauen nach 1968 um eine Befreiung des ganzen Menschen und um eine tiefe Umwandlung der Gesellschaft. Das oft zitierte Wort von Dorothee Sölle, es könne nicht mehr darum gehen, vorhandene Kuchen gerechter zu verteilen, sondern darum, neue Kuchen zu backen, zeigt etwas vom Sinn und Geist dieser Bewegung.

Noch deutlicher zeigt es ein anderer Text derselben Autorin, den ich auszugsweise zitieren will:

»Wir wollen nicht
werden wie die männer
in unserer gesellschaft
verkrüppelte wesen
unter dem leistungsdruck
emotional verarmt
zu bürokraten versachlicht
zu spezialisten verzweckt
zum karrieremachen verdammt . . .

Wir wollen nicht
lernen was die männer können
herrschen und kommandieren
bedient werden und erobern
jagen erbeuten unterwerfen«[7]

Hinter diesen sehr starken Worten steht zweierlei: das starke Selbstbewußtsein einer Frau und eine radikale Kritik an einer einseitig von Männern beherrschten Welt.

Das starke Selbstbewußtsein ist im Widerstand gewachsen, als Frauen merkten, daß sie, nachdem sie alle lang erkämpf-

ten Rechte erlangt hatten, doch nicht am Ziel ihrer Befreiung
waren. Im Aufschwung der Konjunktur und nach gewissen
Erfolgen der alten Frauenbewegung hatte die neue Parole
»Partnerschaft« geheißen: alles gemeinsam tun, die Zeit der
Frauenbewegung ist vorbei, die Zeit der Partnerschaft ist
angebrochen (Thema des Schweizer Frauenkongresses 1975
im Jahr der Frau!). Viele Frauen aber merkten, daß sie auf
neue innere und äußere Barrieren stießen. Sie merkten, daß
sie eigentlich nicht mehr beweisen mußten, ebenso »gut« zu
sein wie Männer, daß ihnen aber die männliche Art zu denken
und zu entscheiden überhaupt nicht entsprach. Sie erkannten, daß sie eigentlich etwas anderes wollten. Sie wollten sie
selbst sein und werden dürfen, und zwar wollten sie sowohl
die in der Gesellschaft ihnen zugeschriebenen, immer auf den
zweiten Platz gestellten und als weiblich etikettierten Werte
wie Einfühlungsvermögen, Eingehen auf die Bedürfnisse der
anderen, Fürsorglichkeit, Geduld, Zärtlichkeit, Dienen neu
für sich in Anspruch nehmen und füllen. Ihnen war gesagt
worden, daß diese Eigenschaften oder Tugenden angeboren,
von Natur aus gegeben, biologisch begründet seien. Jetzt
merkten sie, daß sie diese »Tugenden« in einer Situation der
Unfreiheit und der Unterdrückung gelernt und übernommen
hatten, in einem nicht von ihnen selbst bestimmten oder
mitbestimmten gesellschaftlichen – und kirchlichen – Rahmen. Sie wollten aber auch die als männlich etikettierten
»Tugenden« leben wie Intellektualität (sie wollten endlich so
gescheit sein dürfen, wie sie waren), Willen, Initiative, Akti-
vität, Durchsetzungsvermögen, Mut. Diese erscheinen in D.
Sölles Text ebenso pervertiert wie die weiblichen, wenn diese
ausschließlich auf die private Sphäre beschränkt werden. Die
sogenannten männlichen Tugenden sind in unserer Welt
durch die von Männern geschaffenen wirtschaftlichen, politischen, militärischen – und kirchlichen – Strukturen pervertiert worden. Die Frauen der neuen Frauenbewegung wollten
und wollen weder den Männlichkeitswahn der Selbst-
überhebung noch den Weiblichkeitswahn der demütigen
Selbsterniedrigung übernehmen, sondern viele von ihnen

wollten und wollen als Frauen ganze Menschen ohne festgelegte Eigenschaften und Rollen sein, und viele von uns träumten und träumen von einer Welt, in der Frauen und Männer gemeinsam das öffentliche und das private Leben gestalten können. Nur besteht zwischen der Festlegung und Unfreiheit der Frauen und der der Männer ein schwerwiegender Unterschied: Die Unfreiheit der Frauen ist durch männlich geprägte Strukturen erzwungen. Das gilt auch dann, wenn Frauen sich so angepaßt haben, daß es ihnen in diesem System wohl ist. Es ist ja auch – nebenbei gesagt – sehr viel bequemer, die zweite, nicht so exponierte Rolle zu spielen, zwar im Schatten zu stehen, aber doch auch in gewissem Sinn beschützt zu sein. Die Unfreiheit der Männer aber beruht auf männlicher Macht, in der Öffentlichkeit zwar sicher nicht auf der Macht aller Männer – es gibt wahrhaftig auch Macht- und Gewaltausübung von Männern über Männer: Söhne, Angestellte, Untergebene, Männer einer anderen Klasse und Rasse. Aber auch die am niedrigsten gestellten Männer haben immer noch eine (oder mehrere) Frauen »unter« sich. Da die Chancen des Machtverzichts von Männern vorläufig – von Ausnahmen abgesehen – sehr klein sind, gibt es eine Frauenkultur: Frauengruppen, in denen Frauen sich füreinander geöffnet, ihre Erfahrungen ausgetauscht, sich gegenseitig gestärkt und einander zum Selbstbewußtsein geholfen haben, Frauenbanken, Frauenbuchläden, Frauenmusik, Frauenbands, Frauentagungen, von denen Männer ausgeschlossen sind. Es gibt auch ein neues Nachdenken über Gewalt gegenüber Frauen, das zu Häusern für geschlagene Frauen, zum Einsatz für mißbrauchte Frauen aus der Dritten Welt (Sex-Tourismus), zum Kampf für eine Liberalisierung des Schwangerschaftsabbruchs im Sinn der vollen Verantwortung oder mindestens Mit-Verantwortung der am meisten Betroffenen geführt hat.

Diese zweite Welle der Frauenbewegung hat Frauen sicht- und hörbar gemacht, oft in Formen, in denen viele Frauen und Männer nicht mitkonnten. Sie stößt auf Widerstand, sie zieht sich heute darum oft auf sich selbst zurück. In den

Kirchen ist sie zumeist auf Ablehnung gestoßen, was zur Folge hat, daß viele Frauen der Kirche den Rücken kehren und daß diese in den Selbstdarstellungen der neuen Frauenbewegung meist sehr schlecht wegkommt und nur als Instrument der Unterdrückung gesehen wird. Wie Frauen innerhalb der Kirchen sich mit der eigenen Tradition und ihrer neuen Frauen-Identität auseinandersetzen, wird das Thema der folgenden Kapitel sein. Hier möchte ich mit einem Zitat aus einer Publikation des ÖRK schließen: 1971 hat dieser eine Nummer seiner damaligen Monatszeitschrift »Risk« dem Thema Frauenbewegung gewidmet unter dem provozierenden Titel »Gladly we rebel« – mit Freude rebellieren wir. Im Artikel einer Frau über Frauenbefreiung und die Kirche heißt es:

»Seit dem ersten Jahrhundert ist die Kirche einer der Hauptunterdrücker der Frauen gewesen kraft ihres Zusammengehens mit der Welt. Während das Evangelium bezeugt, daß Christen eine Verantwortung haben, der Welt zu widerstehen, wenn diese ihre Wertvorstellungen absolut setzt, hat die Kirche stets die gesellschaftlichen Institutionen, Sitten und Mythen gestützt, die zu kritisieren sie doch berufen ist. Im Blick auf das Leben von Frauen hat die Kirche die Mythen von Abhängigkeit und Emotionalität, das System der Kleinfamilie, die nur-männliche Trinität nicht nur unterstützt, sondern ihnen zum Aufstieg verholfen. Die Werte, welche diese und andere Lebensbereiche tragen, haben die kulturellen Leitbilder verstärkt, welche Frauen daran hindern, ein erfülltes Leben zu leben. Darum sind die Folgerungen aus der Frauen-Befreiungsbewegung für die Kirche vielfältig, und sie greifen tief . . .

In der Rebellion gegen die Anpassung der Kirche an kulturell bedingte Normen haben Frauen ihre Hoffnungen, Ideale und Ziele besonders laut artikuliert. Während der gelegentliche Beobachter den Eindruck haben kann, als habe die Bewegung eine rein negative Stoßwirkung, ist ihre Zielsetzung de facto konstruktiv und voll von Hoffnung . . .«[8]

Frauen -
Bibel - Tradition

In der ersten Vorlesung haben wir uns mit dem Phänomen der Unsichtbarkeit von Frauen in Theologie und Kirche bekannt gemacht und haben dann gesehen, wie Frauen zunächst in sogenannten weltlichen Organisationen sichtbar und hörbar wurden und wie das in den Kirchen zögernd, aber doch immer mehr rezipiert wurde. Jetzt möchte ich mich einem Thema zuwenden, das wir zwar bereits gestreift haben, das aber weitere Bearbeitung verdient, nämlich der Frage, wie Frauen mit der Bibel umgehen und wie wiederum die Bibel auch gebraucht wird in der Auseinandersetzung mit Frauen.

Innerhalb des Teils der Frauenbewegung, der sich noch zu einer Kirche hält und sich noch bewußt auf die christliche Tradition berufen und zurückbeziehen will, spielt naturgemäß die Bibel eine ganz entscheidende Rolle. Frauen, Theologinnen und Nicht-Theologinnen, haben schon lange angefangen, die Bibel mit ihren Augen zu lesen und sie immer bewußter auf eigene Erfahrungen zu beziehen. Dafür gibt es zwei Motivationen:

1. Sehr viele Frauen haben eine starke eigene Beziehung zur Kirche und deren Grundlage, und sie haben bewußt oder weniger bewußt aus den befreienden Kräften des Evangeliums gelebt. Infolge ihres in der Frauenbewegung gewachsenen Selbstbewußtseins haben sie es unternommen, diesen befreienden Kräften selbständig nachzugehen. Sie haben

dabei eigene Entdeckungen gemacht und oft einen neuen Zugang zur Bibel gefunden, manchmal allerdings auch schmerzliche Erfahrungen.

2. Zu diesen schmerzlichen Erfahrungen gehört es, daß Frauen, Christinnen und Nichtmehr-Christinnen, erlebt haben, daß bestimmte Bibelworte immer wieder gegen sie gebraucht worden sind. Sie haben erfahren müssen, daß die Bibel in der Hand von Männern, Theologen und Nicht-Theologen, aber auch von konservativen und ängstlichen Frauen als Waffe gebraucht wurde. Ich erinnere mich zum Beispiel noch sehr lebhaft an den Kampf um das Frauenstimmrecht. Wie viele Male haben wir Frauen uns sagen lassen müssen, daß »das Weib in der Gemeinde schweigen müsse« (verzerrtes Zitat von 1. Korinther 15, 34). Dieses Bibelwort wurde häufig von Männern gebraucht, die sonst keinen besonderen Zugang zur Bibel hatten und im Kampf gegen die Rechte der Frau sich auch dieser Waffe bedienten. Andere solche Worte sind diejenigen über die Unterordnung der Frau (Epheser 5, 22 ff.) oder das Bild der Frau, wie es in 1. Petrus 3 gezeichnet wird. Dort handelt es sich um die stille, zurückgezogene, bescheidene, häusliche Frau. Diese Bibelworte wurden, wie bereits gesagt, als Waffe gegenüber Rechtsansprüchen von Frauen, gegen die Emanzipation von Frauen gebraucht. Sie führten zu einer Gegenbewegung, aber auch zu der sehr schmerzlichen Entdeckung, daß es sich in diesen Fällen nicht nur um Mißverständnisse und Mißdeutungen von biblischen Texten handelte. So haben die meisten von uns noch vor wenigen Jahrzehnten argumentiert. Heute setzt sich mehr und mehr die Erkenntnis durch, die ich als Frage so formulieren will: Geht es hier wirklich nur um mangelnde Einsicht, geht es nicht viel eher um das massive Vertreten von Machtansprüchen? Machtansprüchen einer Kirche, Machtansprüchen ihrer Amtsträger, Machtansprüchen einer akademischen Theologie? Eine feministische Auslegung der Bibel wird sich dieser Frage stellen müssen. Doch darauf wird später zurückzukommen sein.

Hier möchte ich eine relativ alte Geschichte von Frauenerfahrung mit der Bibel einflechten. Am Ende des vorigen Jahrhunderts hat es in den USA bereits eine »Woman's Bible« gegeben. Entstanden war sie genau aus der Erfahrung, die ich geschildert habe, Frauen wurden damit konfrontiert, daß gewisse Bibelstellen sich immer gegen sie richteten. Daher beschlossen einige Frauen, den Teil der Bibel, und zwar des Alten und des Neuen Testamentes, der sich expressis verbis mit Frauen beschäftigte, neu herauszugeben und zu kommentieren. Eine bekannte Frauenrechtlerin, Elisabeth Cady Stanton, die sich große Verdienste um die Befreiung der Frauen in den USA erworben hatte, stand hinter diesem Unternehmen. Ein Team von Frauen, zu dem auch einige Nicht-Amerikanerinnen gehörten, machte sich an die Arbeit und gab diese Frauen-Bibel heraus, in der Texte aus 1. Mose, aus den übrigen Büchern Mose, aus dem Richterbuch, dem Königsbuch, den Propheten, den Briefen der Apostel und der Offenbarung kommentiert wurden. Es waren keine ungläubigen Frauen, die sich an diese Aufgabe machten, keine Ketzerinnen, sondern Frauen, denen es am Herzen lag, die Bibel nicht ihren Gegnern zu überlassen, sondern die Stellen, die ihnen nach ihrer Meinung unrecht taten, neu zu interpretieren. Wie klar sie schon damals die Situation erkannten, mag ein Zitat aus der Einleitung zu dieser seltsamen Bibelausgabe von Elisabeth Cady Stanton erläutern. Dort heißt es:

»Diese vertrauten Texte werden von Pfarrern auf ihren Kanzeln, von Staatsmännern in den Parlamenten, bei Anwälten in den Gerichten zitiert, und auf sie antwortet das Echo der Presse aller zivilisierten Nationen, und sie werden von der Frau selbst als ›Das Wort Gottes‹ akzeptiert. So pervertiert ist das religiöse Element in ihrer (der Frau) Natur, daß sie durch Glauben und Werke die Hauptunterstützung der Kirche und des Klerus ist, d. h. der Mächte, die in Tat und Wahrheit ihre Emanzipation unmöglich machen. Als zu Beginn des 19. Jahrhunderts Frauen gegen ihre bürgerliche und politische Diskriminierung zu protestieren begannen, wurden sie auf die Bibel als Antwort zurückverwiesen. Als sie gegen ihre ungleiche Stellung in der

Kirche protestierten, wurden sie auf die Bibel als Antwort zurückverwiesen. Dies führte zu einem allgemeinen kritischen Studium der Schriften.«[9]

Elisabeth Cady Stanton schildert dann, wie sie mit einer Gruppe von Frauen zur Herausgabe ihrer Woman's Bible kam. Interessant ist nun aber das Schicksal dieses Buches. Es wurde von der Vereinigung für Frauenrechte und Frauenstimmrecht, die Elisabeth Cady Stanton mit anderen begründet hatte, heftig abgelehnt. Dahinter stand die Angst, daß dieses Buch, das sozusagen an die Grundfesten der Kirche und des Staates rührte, der Sache der Frauen schaden könnte. Die Frauen wollten sich nicht mit den Mächtigen in Kirche und Staat anlegen, darum verurteilten sie dieses Buch, das ihnen doch eigentlich hätte dienen sollen. So verschwand es von der Bildfläche, es wurde aber in Familien weitergegeben, von der Mutter zur Tochter oder von der Tante zur Nichte. So überlebte es und wurde 1974 von einer Frauengruppe in Seattle neu aufgelegt und gedruckt. Im Vorwort der Herausgeberinnen wird die Geschichte erzählt, wie dieses Buch auf den vorhin geschilderten Familienwegen in die Hand einer Frau kam, die Kontakt zur neuen Frauenbewegung hatte. So ist es uns erhalten und neu gegeben worden. Selbstverständlich können wir heute die Interpretationen nicht einfach so übernehmen, ich fand es aber wichtig, Ihnen diese Geschichte zu erzählen, weil sie einerseits zeigt, wie früh schon engagierte Frauen sich mit der Bibel auseinandersetzten, aber auch, wie schwer dieser Weg damals war und heute noch ist. Ein Stück Unterdrückungsgeschichte und ein Stück Freude an Neuentdeckung gehören auch heute noch ebenso unlöslich zusammen wie damals vor fast einhundert Jahren. Es scheint mir aber wichtig zu sein, zu sehen, daß das keine Erscheinung der letzten fünfzehn oder zwanzig Jahre ist, sondern viel weiter zurückgeht, und daß es offenbar etwas zu tun hat mit dem Faktum, daß wir in einer patriarchalen Welt und einer ebenso patriarchalen Kirche leben.

Doch kehren wir von Amerika zurück zu unserer eigenen

Geschichte. Auch hier gehen die beiden Stränge immer wieder ineinander über. Viele von uns haben einen beachtlichen Teil ihres Lebens und ihrer Arbeit darauf verwendet, zu beweisen zu versuchen, daß – ich sage das jetzt einmal ganz direkt und unkompliziert – frauenfeindliche Auslegungen biblischer Texte nicht der wirklichen Intention des Textes entsprechen. So habe ich einen schweizerischen Referentenführer aus dem Jahre 1958 herausgesucht. Es ging dort um die Auseinandersetzung mit den Gegnern des Frauenstimmrechtes. Ein ganz kleiner Teil dieser Broschüre, die als Handreichung für Referenten und Referentinnen für das Frauenstimmrecht gedacht war, setzte sich mit den immer wieder zitierten Bibelstellen auseinander. Als erste wurde die bereits genannte Stelle aus 1. Korinther 14, 34 genannt: »Das Weib schweige in der Gemeinde.« Es war bewußt in der Fassung der Vulgata, der lateinischen Bibelübersetzung, zitiert, die bereits eine Verfälschung des ursprünglichen griechischen Textes ist, in dem es bekanntlich heißt: »Eure (Ehe-)Frauen lasset schweigen in den Gemeinden.« Zu dieser Stelle heißt es in dem Referentenführer:

»Bei allen Weisungen des Paulus und der anderen Apostel darf man nicht vergessen, daß sie in einem bestimmten Zusammenhang stehen und ganz bestimmte Verhältnisse als gegeben voraussetzen. Das 14. Kapitel des 1. Korintherbriefes, aus dem dieses Wort genommen ist, handelt als Ganzes von der Ordnung des Gottesdienstes. Darauf ist die Weisung des Apostels gezielt: Durch ungeordnetes Reden sollen die Frauen diese Ordnung nicht stören.

Die gegebenen Verhältnisse: Die angeredeten Frauen waren Ehefrauen. Es handelt sich im Urtext nicht um eine absolute, allgemein gültige, abstrakte Forderung (die Frau gewissermaßen als Repräsentantin aller Frauen), sondern um die sehr konkrete Aufforderung: Eure (Ehe-)Frauen lasset schweigen...

Die so viel zitierte und aus dem Zusammenhang gerissene Stelle legt nicht eine für alle Zeiten und Situationen gültige

göttliche Ordnung fest, sondern gibt eine Weisung, die be-
schränkt ist auf eine gegebene Situation, die wir nicht beliebig
ausweiten können, ohne ihren Sinn zu verkehren.« [10]

Wenn ich heute diesen Text lese, den ich übrigens selbst
verfaßt habe, stelle ich fest:
– Dahinter steht eine gewisse Kenntnis von historisch kriti-
scher Bibelexegese. Diese geht nicht sehr weit. Wenn man
heutige Kommentare liest, kann man Überlegungen finden,
ob die Stelle überhaupt von Paulus stammt, ob sie nicht in
einer späteren Auseinandersetzung eingefügt worden ist usw.
Darauf möchte ich hier jetzt nicht eingehen. Aber immerhin
stand auch bereits damals für die Verfasserin fest, daß
biblische Texte von ihrem eigenen »Sitz im Leben« her
interpretiert werden dürfen und müssen. Die Situation in
Korinth wird ernst genommen, es wird festgestellt, daß es sich
um eine letztlich nicht vergleichbare Situation handelte,
nämlich um die Ordnung des Gottesdienstes, es wird differen-
ziert zwischen der Situation von Ehefrauen, die, wie es auch
in diesem Text heißt, zu Hause ihre Männer fragen konnten
(oder können sollten). All das sind Besonderheiten des
Textes, von denen gesagt wird, sie seien nicht auf die heutige
Situation übertragbar.
– Für uns heute wichtig erscheint mir aber eine andere
Erkenntnis. In der »Richtigstellung« dieser Exegese wird
unausgesprochen angenommen, daß durch eine solche Richtigstellung oder Neuinterpretation Menschen, die diese Bi-
belstelle als Waffe benützten, überzeugt werden oder ihre
Meinung ändern könnten. Der Glaube an die Macht richtiger
Einsicht steht hinter dieser Exegese wie hinter vielen anderen. Ich habe mich in letzter Zeit verschiedentlich mit Texten
und biblischen Interpretationen aus den fünfziger und sechziger Jahren auseinandergesetzt. Ich bin immer wieder darauf
gestoßen, daß wir versuchten zu sagen, die Texte seien
eigentlich anders gemeint gewesen, als sie von unseren Gegnern ausgelegt würden. Diese Aussage war zweifellos richtig,
jedenfalls meistens richtig, auch wenn sie selbstverständlich

von unserem eigenen Interesse her geprägt war, aber sie griff nicht weit oder tief genug. Wir griffen zurück auf die Quellen, soweit sie uns zugänglich waren, und meinten, daß dieser Rückgriff auf das »eigentlich Gemeinte« doch auch andere überzeugen müßte. Zweifellos hat das vielen Frauen und auch Männern, die ehrlich nach biblischen Antworten suchten, die Augen geöffnet und eine gewisse Sicherheit gegeben, und ich möchte diese Erklärungen nicht missen. Heute stehen wir vor der Erkenntnis, daß die Wirkungsgeschichte dieser Texte viel stärker oder so stark ist, daß sie durch den bloßen Rückgriff auf das eigentlich Gemeinte nicht zu erschüttern ist. Wie könnte es sonst möglich sein, daß so viele wissenschaftlich anerkannte kritisch-historische Exegesen zu keiner Veränderung in unseren Kirchen geführt haben (nicht nur zur Thematik »Frau«!), daß sie im Elfenbeinturm einer letztlich nicht an Veränderung der Wirklichkeit interessierten Forschung oder Kirche eingesperrt blieben, aber nicht bis zu den Stellen gelangten, die die Macht hätten, Veränderungen herbeizuführen, und auch nicht bis zum »Volk«, dem diese Art zu denken verschlossen blieb? Es gibt unendlich viele gute, kritische, auch aufbauende, neue Horizonte eröffnende Exegesen des Neuen und des Alten Testaments, die im Grunde genommen zu gar nichts geführt haben. Wenn wir in unser Nachdenken das nicht einbeziehen, was der landläufige Gebrauch dieser Bibelstellen angerichtet hat, was für geschichtliche Wirkungen er bei Frauen und Männern gehabt hat, werden wir nie weiterkommen. Es geht darum, zu erkennen, daß die Wirkungsgeschichte mancher Texte stärker gewesen ist als die Erhellungen ihrer Herkunft. Das gilt in ganz besonders hohem Maß für das, was uns hier in dieser Vorlesung bis jetzt beschäftigt hat: für das Übersehen, das Verdrängen, die Mißdeutung, die Unterdrückung der Rolle der Frau in der Kirche.

Wenn ich mit männlichen Kollegen über diese Fragen diskutiere oder über manche Texte spreche, entgegnen sie mir immer wieder: Aber das ist ja schon lange erwiesen, daß diese Auslegungen (zum Beispiel von 1. Korinther 14, 34) falsch sind. Das wissen wir ja schon seit Jahrzehnten. Ja, liebe Brüder, das stimmt, aber was habt ihr damit gemacht? Die Wirkungsgeschichte ist ein Teil unserer gemeinsamen Geschichte, auch unserer gemeinsamen Kirchengeschichte, darum müssen wir tiefer ansetzen als nur bei der »richtigen«, das heißt der historisch-kritisch richtigen Exegese bestimmter Texte.

Bevor ich hier weiterdenke, möchte ich den anderen Strang meiner These aufgreifen:

Frauen sind in den letzten Jahren ganz besonders intensiv und liebevoll den Frauengeschichten in der Bibel nachgegangen. Sie suchten nach der eigenen Identität, nach biblischen Gestalten, mit denen sie sich identifizieren konnten, nach ihrem Anteil an der gemeinsamen Geschichte. Dabei stand das Erstaunen am Anfang, wie wenig bekannt ist über diese Frauen, wie wenig auch uns selbst bekannt war, eine wie geringe Rolle diese Frauen in unserer religiösen Sozialisation gespielt haben. Ich denke zum Beispiel daran, daß ich mir nie Gedanken gemacht habe darüber, was mit der Mirjam im Alten Testament passiert ist. Sie hat im Grunde genommen ihrem Bruder Mose das Leben gerettet, aber es war nicht sie allein, es war auch die Mutter des Mose, die ihr Söhnlein retten wollte, und vorher waren die hebräischen Hebammen beteiligt, die in zivilem Ungehorsam jüdische Knaben gerettet haben vor dem Befehl des Pharao, sie alle umzubringen. Die Mutter des Mose, die Hebamme, die ihr bei seiner Geburt geholfen hat, die Schwester des Mose, die darüber wachte, daß das in einem Körbchen ausgesetzte Kind gerettet wurde, die Tochter des Pharao, die es tatsächlich rettete, eine ganze Gruppe von Frauen, die es überhaupt erst möglich machten, daß Mose die Rolle übernehmen konnte, die Gott ihm zugedacht hatte. Seine Schwester Mirjam hat dabei eine nicht mehr ersichtliche Rolle gespielt. Denken Sie an das Mirjamlied (2. Mose 15, 20), das uralte Siegeslied einer Frau nach dem Durchzug durch das Rote Meer. Warum ist diese Frau nachher vergessen worden? Was ist tatsächlich mit ihr passiert? Wir wissen nur, daß sie wegen Ungehorsam gegenüber Mose härter bestraft wurde als Aaron, der dasselbe getan hatte (4. Mose 12, 1 ff.), und daß sie ebensowenig wie ihre Brüder das gelobte Land erreichte (4. Mose 20, 1). Wer aber war sie wirklich?

Eine Frau des Neuen Testamentes möchte ich noch erwähnen. Sie ist schon einmal vorgekommen in der letzten Vorlesung. Ich meine Maria Magdalena, und wenn ich sie so häufig erwähne, dann geschieht das auch mit der heimlichen Absicht und Hoffnung, daß vielleicht eine oder einer der Studierenden hier sich einmal daranmacht, der wechselvollen Geschichte dieser Frau sowohl im Neuen Testament als auch in den gnostischen Evangelien bis hin zur Legende, die sie auf wunderbare Weise nach Südfrankreich versetzt hat (ich denke an die Darstellungen in einer der Kirchen von Assisi), aber auch bis hin zu dem Bestseller unserer Tage, dem Buch von Luise Rinser »Mirjam«, nachzugehen. Es würde sich meiner Meinung nach lohnen, hier wirkliche Forschungsarbeit zu betreiben, was ich nicht tun kann. Ich kann mich in meinen Ausführungen im wesentlichen auf Elisabeth Moltmann stützen[11]. Dort stellt sie folgende These auf: In Lukas 8 wird erzählt, daß Maria aus Magdala von Jesus geheilt worden ist. Es seien sieben Dämonen von ihr ausgefahren. Elisabeth Moltmann meint dann, daß diese Maria in der Tradition verschmolzen ist mit der Frau, die Jesus die Füße gesalbt hat und die als große Sünderin bezeichnet wird. Von ihr berichtet Lukas in Kapitel 7. Sieben Dämonen, die aus einer Frau ausfahren, was konnten diese in der Vorstellung von Männern in einer patriarchalen Kirche anders sein als Dämonen der Sexualität? Was für eine andere Sünde konnte einer Frau zur Last gelegt werden als die der Verführung und der provozierenden Sexualität? So ist es zwar nicht von der Grundlage des Neuen Testaments und der ersten Kirche, sondern von der späteren Zeit her sehr verständlich, daß immer wieder Bilder von Maria Magdalena auftauchen, wo sie als Sünderin gesehen wird. Im neuesten Buch von Elisabeth Moltmann[12] ist ein sehr eindrückliches Bild zu sehen. Dort kniet Maria Magdalena im Büßerkleid vor einem hohen

Geistlichen, um die letzte Kommunion zu empfangen. Diese Bilder, man denke zum Beispiel an das berühmte Bild von Tilmann Riemenschneider, das Maria Magdalena auch als die große Büßerin zeigt, laufen neben der anderen Tradition her, welche die Begegnung Maria Magdalenas mit dem Auferstandenen darstellt. Welche Tradition kirchlich wirksamer geworden ist, wage ich nicht zu entscheiden. Sicher ist aber, daß der kirchliche Umgang mit der Gestalt und Geschichte einer Frau tiefe Wurzeln hat. Sie freizulegen ist eines der großen Anliegen heutiger feministischer Theologie.

Es ist mir durchaus bewußt, daß ich damit bereits zum zweiten Male ein Reizwort gebraucht habe, das ich gern noch etwas länger umgangen hätte, aber ich mußte im Verlauf der Arbeit einsehen, daß ich es nicht kann. Ich meine das Wort »Feminismus« und »feministisch«. Ich weiß nicht, wie sehr ich damit offene Türen einrenne, wenn ich jetzt als Einschub versuche, eine kurze Definition dessen zu geben, was ich darunter verstehe. Ich muß zugeben, daß ich dieses Wort nicht mag. Ich mag alle Wörter auf »ismus« nicht, und ich erfahre es immer wieder, daß alle diese »Ismen« polemisch in den gleichen Topf geworfen werden. Marxismus, Kommunismus, Atheismus, Feminismus – das ist alles vom Teufel. Rassismus, Sexismus, das sind unnötige Fremdwörter für Tatbestände, denen wir uns gern entziehen möchten. Ich kann nur nochmals wiederholen, daß ich diese Wörter auch nicht liebe, aber ich habe mit der Sprache zu leben, wie sie sich herausgebildet hat, und was den Feminismus betrifft, so muß ich mich als Frau der heutigen Zeit ernsthaft mit diesem Wort und dem damit Gemeinten auseinandersetzen. Feministische Theologie ist nicht dasselbe wie »Theologie von Frauen«. Nicht jede theologische Aussage, die von einer Frau oder auch von einer Theologin gemacht wird, ist deswegen schon feministisch. Der Zürcher Kirchenrat hätte ja in seiner Auseinandersetzung mit einer Anfrage nach dem Stellenwert feministischer Theologie in der Zürcher Landeskirche gerne eine Theologie von Frauen anerkannt, während er die feministische Theologie als marxistisch, aus Amerika importiert und als radikal und gefährlich ablehnte. Eine Theologie von Frauen ja, eine feministische Theologie nein. Doch ich kann mich nicht länger darum herumdrücken zu sagen, was mit diesem zum Reizwort gewordenen terminus technicus gemeint ist. Feminismus ist das Lebensgefühl der Frauen, die die zweite Welle der Frauenbewegung getragen haben oder die von dieser Welle ein Stück mitgetragen worden sind. Es ist der Ausdruck eines neuen Selbst- und Wertbewußtseins von Frauen, die unterwegs und aufgebrochen sind aus alten Rollen und Herrschaftssystemen, die auf der Suche nach sich selbst sind. Es sind Frauen, die sich nicht mehr länger als Objekte, sondern als Subjekte verstehen wollen, die auf der Suche sind nach ihrer eigenen Geschichte und eigenen Identität und die nicht mehr einfach so sein wollen wie die Männer. Sie haben sich gelöst von männlichen Normvorstellungen, oder sie versuchen es mindestens, sich davon zu lösen, sich mehr und mehr bewußtzumachen, daß volles Menschsein beides in sich schließt: die Werte, die in der Tradition den Frauen zugeschrieben worden sind wie Emotionalität, Spontaneität, Hingabefähigkeit, Gefühlsbetontheit, Erotik, aber auch die sogenannen männlichen Werte wie Denkenkönnen, Abstraktionsfähigkeit, Durchsetzungskraft, Rationalität, Sachlichkeit. Frauen wehren sich gegen die Privatisierung der sogenannten weiblichen Werte, sie wollen diese ins Ganze der Gesellschaft und der Kirche eingebracht sehen, aber nicht bloß als Ergänzung einer unverändert von Männern beherrschten, von männlichem Denken geprägten Philosophie und Theologie, sondern als Teil einer neuen Gesellschaft und Kirche. Feminismus hat heute eine kämpferische Note und muß diese haben, und das ist es, was ihn verdächtig macht. Er muß diese kämpferische Note haben, weil wir in einer noch völlig unerschüttert patriarchalen, von Männern beherrschten Kirche und Gesellschaft leben und weil auch unsere Theologie ausschließlich von Männern geprägt worden ist, und das gilt im übrigen nicht nur von der heutigen Theologie und damit von der ganzen Hochschule, sondern es gilt bis hinein in die Formulierung sämtlicher Schriften des Alten und Neuen Testaments.

Doch noch einmal zurück zur Definition von Feminismus. Dafür möchte ich auf Catharina Halkes zurückgreifen. Sie gibt folgende Definition:

»Feministinnen sind jene Frauen, die nach ihrem Emanzipationsprozeß feststellen, daß sie an einen entscheidenden Kreuzpunkt gelangt sind, weil ihr Gefühl des Unbehagens gegenüber den bestehenden Strukturen nach wie vor da ist, und die es sich nun zur Aufgabe machen, die vorher genannten Rechte und Plichten, Strukturen, Werte und Normen selber der Kritik zu unterziehen und sie auf ihre Gültigkeit und Menschlichkeit hin zu untersuchen. Für diese Frauen wird Feminismus zu einem persönlichen, manchmal schmerzhaften, aber auf die Dauer befreienden Prozeß, in dem wir uns bewußt werden, wie stark und in welchem Ausmaß wir durch Erziehung, soziale Konditionierung sowie berufliche und wissenschaftliche Ausbildung die herrschende Kultur uns zu eigen gemacht und sie verinnerlicht haben. Wollen wir zu uns selbst kommen und konstruktiv zur Verwandlung einer Kultur beitragen, die in ihrer Einseitigkeit festzufahren und in ihrer technologischen Entwicklung außer Rand und Band zu geraten droht, dann müssen wir uns Schritt für Schritt aus der Entfremdung von uns selbst befreien.«[13]

Feministische Theologie ist das Nachdenken christlicher Frauen über diesen Prozeß im Lichte des Evangeliums. Befreiung wird dann als Teil der Befreiung oder Erlösung verstanden, die durch Jesus von Gott her in die Welt gekommen ist. Feministische Theologinnen können aber nicht umhin, auch die Schriften der Bibel als Teil dieser androzentrischen Kultur und Theologie zu verstehen. Darum muß feministische Exegese die biblischen Texte noch einer anderen Form von Kritik unterziehen, als es unsere männlichen Brüder Theologen bisher getan haben. Sie braucht dazu die wissenschaftlichen Methoden, aber sie braucht sie mit einer feministischen Perspektive, mit der Ausrichtung auf die

Befreiung der Frauen. Darauf soll im folgenden Abschnitt eingegangen werden.

Nach diesem Exkurs möchte ich zur Grundfrage zurückkehren, die uns hier beschäftigt, das heißt, ich möchte neu ansetzen und versuchen, etwas zu systematisieren: Wie lesen Frauen von diesem Hintergrund aus die Bibel? Was für Fragen stellen sie, und welche Kriterien benützen sie? Ausgangspunkt ist die eigene Erfahrung, die immer präsent bleibt und immer einbezogen wird, die Erfahrung des Verschwiegenwerdens und der Unterdrückung, aber auch die Erfahrung der Befreiung. Viele Frauen – wie ich selber – haben lange selektiv die Bibel gelesen, haben von bestimmten Texten gelebt und andere auf der Seite gelassen, gelebt zum Beispiel von Galater 3, 28 mit dem ganzen Umfeld – »zur Freiheit berufen« – und diese Freiheit auf sich selbst, auf die eigene Situation bezogen. Oder das Gespräch Jesu mit der Samariterin in Johannes 4 oder apokalyptische Bilder von der neuen Stadt oder dem Gastmahl der Völker.

Aber denen von uns, die durch die Frauenbewegung eine Erweiterung und Vertiefung des eigenen Bewußtseins erlebt haben, genügt das selektive Lesen, das im Grunde genommen einen Teil der Problematik verdrängt, nicht mehr. Auch wir müssen den negativen Teil, oder anders gesagt: Wir müssen die kollektive Frauenerfahrung der Unterdrückung auch durch biblische Texte einbeziehen, wir können nicht mehr davon abstrahieren.

Feministische Theologie ist eine Erfahrungstheologie, aber sie beruht nicht einfach und nicht nur auf persönlicher subjektiver Erfahrung. Damit steht sie nicht einsam im weiten Raum heutigen theologischen Denkens. Im Ansatz steht sie der Befreiungstheologie nahe. Dort ist es die Erfahrung von Armut und Ausbeutung, und Christen sagen dort: »Indem wir die wirkliche Situation ernst nahmen, ist uns Christus neu begegnet.« Von da aus lasen und lesen sie die Bibel anders: Aber auch hier gibt es nicht einfach *eine* Theologie der Befreiung, sondern verschiedene, je nach der Situation – in Lateinamerika, in Südafrika, in Korea. Bei den

45

Frauen gibt es Parallelen dazu. Auch hier gibt es bei aller Gemeinsamkeit nicht nur einen Ansatz.

Aber verfälschen wir nicht die biblische Botschaft, wenn wir sie sozusagen durch die Brille unserer Erfahrung lesen? Haben wir nicht gelernt, daß wir ganz leer, ganz frei von uns selbst sein oder werden müssen, um das göttliche Wort wirklich hören zu können und uns davon verwandeln zu lassen?

Die Gegenfrage lautet: Ist nicht das, was uns in der Bibel Alten und Neuen Testaments überliefert worden ist, immer auch schon durch bestimmte Brillen gelesen und geschrieben worden? Nur wurden diese nicht deklariert, ja ich muß sogar noch einen Schritt weiter gehen: Ist nicht schon die Auswahl der Texte, die in den Kanon aufgenommen wurden, von bestimmten Interessen bestimmt gewesen – zum Beispiel um eine bestimmte Form von Kirche zu stützen und andere Möglichkeiten auszuschließen (etwa gnostische und charismatische Aspekte)? Oder noch weiter zurück: Ist nicht schon die Redaktion der Texte, die je nach den Adressaten verschiedene Redaktion der synoptischen Evangelien, von Männern in einer patriarchalen Gesellschaft vorgenommen worden? Diese Männer haben sicher die Frauen ehrlich mitgemeint, aber sie sahen trotzdem nur einen Teil der Wirklichkeit. Können wir Frauen das übersehen? Sollen wir wirklich annehmen, daß Gott einfach auf der Seite der Männer stand?

Möglicherweise gehen Ihnen diese Fragen zu weit. Auch ich zittere gelegentlich vor ihren Konsequenzen; meine Aufgabe hier sehe ich aber darin, Ihnen, so gut und so ehrlich ich das kann, Einblick zu geben in das radikale Denken christlicher Frauen, das heißt von Frauen, die sich auch weiterhin als Christinnen verstehen und die gerne als Christinnen angesehen werden möchten auch von denen, die ihnen nicht (oder noch nicht) folgen können. Dabei ist noch zu bedenken: Eine wachsende Zahl von Frauen will mit der Bibel nichts mehr zu tun haben. Sie halten es für ein hoffnungsloses Unternehmen, in diesem patriarchalen Buch noch irgend etwas finden zu können, das ihnen glauben und leben hilft. Sie wenden sich auch nicht mehr den außerkanonischen Schriften zu, sondern vorchristlichen matriarchalen Kulturen. Demgegenüber gibt es aber auch eine wachsende Zahl von Frauen, die das Ringen um ein anderes Verständnis der Bibel, und zwar nicht nur der Stellen, die expressis verbis von Frauen sprechen, nicht aufgeben wollen. Darum möchte ich Ihnen die Ansätze von zwei amerikanischen Forscherinnen referierend vermitteln. Daß es Amerikanerinnen sind, hat einen sehr einfachen Grund: In den USA gibt es eine Anzahl von Professorinnen, und Forschung hat leider auch mit Zeit und Geld zu tun.

Ich beginne mit dem Buch der Neutestamentlerin Elisabeth Schüssler-Fiorenza »In Memory of Her«[14]. Sie erinnert an die Frau, die Jesus vor seinem Leidensweg gesalbt hat und von der er gesagt hat: »Wo immer in der ganzen Welt das Evangelium gepredigt wird, wird auch das, was sie getan hat, zu ihrem Gedächtnis erzählt werden« (Markus 14, 9), was mitnichten geschehen ist. Ich werde sträflich vereinfachen, möchte aber dennoch versuchen, die grundlegenden Gedanken ihres Ansatzes im Umgang mit neutestamentlichen Texten darzustellen.

Sie geht von der Grundannahme aus, die ich bereits ausgeführt habe, daß Redaktion, Auswahl und Kanonisierung der biblischen Texte androzentrisch sind, das heißt, sie sind von Männern in einer nicht reflektierten, als gegeben akzeptierten patriarchalen Gesellschaft vorgenommen worden. Das bedeutet nach ihrer Überzeugung, daß diese Texte nicht die ganze Wirklichkeit wiedergeben, oder noch präziser gesagt: Diese Texte sind nicht der Ort der Offenbarung. Ich zitiere (von mir frei übersetzt):

»Wenn der Ort der Offenbarung nicht der androzentrische Text ist, sondern das Leben und der Dienst von Jesus und der Bewegung von Frauen und Männern, die er in seine Nachfolge rief, dann müssen wir historisch-kritische Methoden für eine feministische Lektüre der biblischen Texte entwickeln.«

Auf Grund ihrer Frauenerfahrung kommt sie zur Feststellung, daß diese Texte androzentrisch sind, auf Grund ihrer neutestamentlichen Studien kommt sie – übrigens in Übereinstimmung mit namhaften männlichen Forschern – zum Ergebnis, daß der Ursprung des neutestamentlichen Glaubens die Jesus-Bewegung ist, eine Bewegung, in der Frauen voll akzeptiert waren. Diese Wirklichkeit wurde durch die androzentrische Wiedergabe verdeckt, und es geht für E. Schüssler-Fiorenza darum, diese Texte so zu lesen, daß die – wie sie sagt – »egalitäre Realität der frühen christlichen Bewegung« wieder zum Vorschein kommt. Das brauche eine kreative kritische Interpretation:

»*So eine Methode könnte mit der Arbeit eines Detektivs verglichen werden, insofern auch sie sich weder auf historische Fakten allein verläßt noch solche erfindet, sondern sich mit Phantasie um eine Rekonstruktion der historischen Wirklichkeit bemüht.*«

Um zum Ausdruck zu bringen, was sie damit meint, zitiert sie selbst eine andere Theologin, die das folgendermaßen umschrieben hat:

»*Um Schweigen in Sinn (in eine sinnvolle Aussage) zu übersetzen, braucht es sowohl kritische Distanz von der Tradition als auch das Eintauchen in diese.*«

Klar ist für E. Schüssler-Fiorenza, daß es sich bei der feministischen Beschäftigung mit biblischen Texten nicht nur um die Stellen handelt, die sich direkt mit Frauen beschäftigen. Wer sich auf diese beschränken wollte, würde bereits ein Stück androzentrischer Redaktion übernehmen, denn die uns überlieferten Stellen sind nicht zentral in der biblischen Botschaft. Man würde also die Marginalität der Frauen akzeptieren und sich außerdem nur mit Frauen kritisch auseinandersetzen, nicht aber mit den Männern und ihrer Kultur, die doch das ganze Neue Testament und nicht nur diese Stellen überliefert haben. Es geht also bei einer feministischen Interpretation biblischer Texte immer um die Auseinandersetzung mit der ganzen Kultur, und zwar nicht nur der Autoren, sondern auch der ganzen Tradition, die diese Texte überliefert, übersetzt und interpretiert hat bis auf den heutigen Tag.

»Der systematische Androzentrismus der westlichen Kultur wird dadurch evident, daß niemand in Frage stellt, ob Männer in der Geschichte der Kirche die Subjekte und Vermittler der Offenbarung gewesen sind. Die historische Rolle von Frauen und nicht diejenige von Männern ist problematisch, weil Männlichkeit die Norm und Weiblichkeit eine Abweichung von dieser Norm ist.«

Eine feministische Analyse biblischer Texte muß also die folgenden Anforderungen erfüllen:

1. Sie muß erkennen und zugeben, daß wir die Botschaft nur in der Form von androzentrischen Texten haben.

2. Von diesen muß sie zurückfragen nach deren sozialhistorischem Kontext.

3. Sie darf nicht nur die heutige Frauenerfahrung und ihren Kampf um Befreiung als Grundlage ihrer Theologie erkennen, sondern sie muß, wie E. Schüssler-Fiorenza sich ausdrückt, die Geschichte ihrer »Fore-sisters« zu ergründen suchen, die Opfer *und* Subjekte in einer patriarchalen Kultur waren. Um auf die vorhin schon zitierte Grundannahme zurückzugreifen: In der Jesus-Bewegung und in manchen Gemeinden der frühen Kirche, die wir nur durch androzentrische Texte kennen, hatten Frauen tatsächlich Rechte und Macht (»power«). Beides zu zeigen und wieder ans Licht zu bringen, die Unterdrückung und die – patriarchale Begrenzung transzendierenden – Möglichkeiten von Frauen, ist ein Grundanliegen der Neutestamentlerin E. Schüssler-Fiorenza.

4. Wie Befreiungstheologen die sogenannte Objektivität wissenschaftlicher Exegese entschlossen durchbrechen und die Partei der Armen ergreifen, das heißt mit ihren Augen und zur Vertretung ihrer Interessen die Bibel lesen, so muß feministische Hermeneutik die Partei der Frauen ergreifen, und zwar in dem bereits angedeuteten Sinn: sowohl die Partei

der im Patriarchat Leidenden, zum Schweigen Gebrachten, Unterdrückten als auch die der Starken, Vollmächtigen.

5. Das Ziel dieser ganzen Arbeit ist die Zurückgewinnung der nur von Männern erzählten Geschichten des Glaubens auch für die Frauen. Unsere gemeinsame Geschichte darf nicht von Männern okkupiert bleiben. Es ist auch unsere Geschichte, auch wenn diese nur in Bruchstücken erhalten ist und wir vieles mit »creative imagination« erschließen müssen.

6. Dazu hilft der Einbezug von außerkanonischen Schriften, die in der feministischen Theologie eine große Rolle spielen.

Zum Abschluß noch ein Zitat von Elisabeth Schüssler-Fiorenza:

»Insofern androzentrische biblische Texte nicht nur ihr patriarchales kulturelles Umfeld spiegeln, sondern uns auch einen flüchtigen Blick auf die frühchristlichen Bewegungen als eine Jüngerschaft von Gleichgestellten erlauben, erkennen wir, daß die Wirklichkeit von Engagement und Beteiligung von Frauen auch an leitender Stelle den androzentrischen Vorschriften für Rolle und Verhalten von Frauen vorausgeht. Frauen, die im Altertum zu einer unsichtbaren Gruppe gehörten, konnten in der auftauchenden christlichen Bewegung hervortreten. Diese Bewegung lebte als Jüngerschaft von Gleichgestellten (›equals‹) in Spannung und Konflikt zum patriarchalen Ethos der griechisch-römischen Welt. Frauen hatten die Kraft und Autorität des Evangeliums. Sie waren zentrale und maßgebende Individuen in der frühchristlichen Bewegung.«[15]

Auf eine andere Art stellt Rosemary Radford Ruether[16] die Beziehung zwischen Feminismus und Bibel her. Auch sie ist Professorin, als Katholikin an einem evangelischen theologischen Seminar. Sie übernimmt gewisse Ansätze von E. Schüssler-Fiorenza, wird aber auch von dieser kritisiert. Es gibt eben keine einheitliche feministische Theologie und wird es hoffentlich nie geben, sonst müßte sich ein Prozeß zum System verfestigen, und das wäre schade. R. Radford Ruether ist übrigens nicht Exegetin, sondern Systematikerin, auch das bedingt Unterschiede im Ansatz.

Auch sie geht von der Erkenntnis aus, daß das Patriarchat den sozialen Kontext des Alten und des Neuen Testaments darstellt, daß aber beide Testamente, und zwar völlig unabhängig von der Frauenfrage, Ansätze zur Kritik am Patriarchat enthalten. Diese Ansätze entdeckt sie in der prophetischen Tradition des Alten Testaments, die von Jesus aufgegriffen worden ist. In dieser prophetisch befreienden Tradition des biblischen Glaubens sieht sie die zentrale Tradition überhaupt. Mit ihren eigenen Worten gesagt:

»In Übereinstimmung mit der allgemein anerkannten biblischen Exegese kann mit gutem Recht behauptet werden, daß damit die zentrale Tradition gewählt worden ist, die Tradition, durch die der biblische Glaube sich selbst und seine eigene Sicht der Dinge ständig in Frage stellt und erneuert.«

Ob es sich hier wirklich um eine »allgemein anerkannte Exegese« handelt, kann ich nicht sagen. Ich meine, sie sollte eher dazu stehen, daß diese zweifellos sehr starke Linie der biblischen Botschaft ihrer Frauen-Erfahrung entgegenkommt und entspricht. Doch wie dem auch sei, uns interessiert hier ja mehr das Faktum dieser Wahl und das, was sich daraus ergibt.

R. Radford Ruether macht diese prophetisch-befreiende Linie zur Norm ihres biblischen Nachdenkens über den Feminismus. Sie setzt sich zunächst mit den bestimmten Faktoren dieses Traditions-Strangs auseinander. Sie sieht vier solche Elemente:

1. Gottes Verteidigung und Rechtfertigung der Unterdrückten,
2. die Kritik an den herrschenden Machtsystemen und Machthabern,
3. die Vision eines kommenden neuen Zeitalters, in welchem das gegenwärtige Unrechtssystem überwunden und die von Gott gewollte Herrschaft des Friedens und der Gerechtigkeit in der Geschichte aufgerichtet wird,
4. und schließlich die Ideologie- oder Religionskritik. Prophetischer Glaube klagt religiöse Ideologien und Systeme an,

die die herrschende ungerechte Gesellschaftsordnung rechtfertigen und sanktionieren.

Das alles ist nichts Neues, und das behauptet R. Radford
Ruether auch nicht. Sie weist übrigens diese Elemente in
einer Reihe von Bibelstellen nach, und sie zeigt auch, wie
Jesus in seiner Herausforderung des Tempelkultes und seiner
Auseinandersetzung mit den Pharisäern und Schriftgelehrten
diese Tradition übernimmt, auch in der berühmten Stelle
Lukas 4, 18:

*»Der Geist des Herrn ist bei mir, nur darum, weil er mich
gesalbt hat, zu verkündigen das Evangelium den Armen; er hat
mich gesandt, zu predigen den Gefangenen, daß sie los sein
sollen, und den Blinden, daß sie sehend werden, und den
Zerschlagenen, daß sie frei und ledig sein sollen.«*

Wie gesagt, das alles ist nichts Neues, es bildet die Grundlage
des Glaubens vieler Christen, von Männern und Frauen aller
Zeiten. *Neu* ist aber die Art, wie diese biblische Linie vom
Feminismus, von einer feministischen Theologin, übernommen wird. Nicht nur, daß Frauen einfach in die Reihe der
vielen Unterdrückten dieser Erde eingereiht werden – das
auch. Aber das ist nicht die Hauptsache. Sondern das Patriarchat selbst, die herrschende Kultur, in der auch diese Texte
formuliert wurden, wird dieser Kritik unterzogen. Mit R.
Radford Ruethers eigenen Worten:

*»Der Feminismus übernimmt die prophetischen Prinzipien
anders, als es die biblischen Autoren meistenteils getan haben,
nämlich um damit diesen nicht hinterfragten patriarchalischen
Rahmen zu kritisieren und abzulehnen. Eine biblisch begründete feministische Theologie ist nur möglich, wenn die prophetischen Prinzipien so verstanden werden, daß sie jede Selbster-
höhung einer sozialen Gruppe als Bild und Werkzeug Gottes
und jeglichen Gebrauch Gottes zur Rechtfertigung sozialer
Herrschaft oder Unterdrückung ausschließen. Das Patriarchat
selbst fällt unter das biblische Verbot der Götzenverehrung und
Gotteslästerung, weil es letztlich den Mann als Repräsentanten*

des Göttlichen verehrt. Es ist Götzendienst, Männer für ›gottesähnlicher‹ als Frauen zu halten . . .«

R. Radford Ruether führt im weiteren aus, daß sich aus dieser prophetischen Kritik des Patriarchats eine Norm zur Wertung und Beurteilung von biblischen Texten ergibt. Daß solche Wertungen vorgenommen werden, ist wiederum nicht neu und geschieht nicht nur in der feministischen Theologie. Selbst zum Fundamentalismus neigende Gruppen halten nicht alle Bibelworte für gleich wichtig und in gleichem Maße zentral, das heißt dem Zentrum biblischen Glaubens nah. Neu ist nur, daß Frauen, die selber eine immer unterdrückte und verschwiegene Gruppe waren und noch sind, sich selbst und ihre eigene Befreiung als wesentliches Kriterium einbringen und die prophetische Kritik auf das Patriarchat anwenden.

Besonders wichtig für uns Frauen erscheint mir das zweite Element, das R. Radford Ruether nennt: die Kritik an den herrschenden Machtsystemen. Diese Kritik steht im Mittelpunkt von Jesu Botschaft (vgl. Markus 10, 42 und Parallelen), seine Worte, daß die Letzten die Ersten sein werden, oder seine Parteinahme für die Randsiedler der Gesellschaft belegen das. Gott steht auf der Seite der Unterdrückten, aber R. Radford Ruether sagt sehr richtig: Er rechtfertigt nicht die Rachegelüste der Unterdrückten. Es geht nicht um eine bloße Umkehrung der Machtverhältnisse, so daß einfach die Positionen wechseln, sondern um eine viel radikalere Umwandlung: *»einen Umwandlungsprozeß, der völlig neue Beziehungsstrukturen schafft«.* Das gilt auch für Frauen!

Wichtig scheint mir noch der Gedanke von R. Radford Ruether, daß diese Beanspruchung der prophetischen Tradition durch den Feminismus – und diese Beanspruchung darf nie exklusiv sein, sonst fallen die Frauen unter die gleiche Kritik wie das Patriarchat –, daß also diese Anwendung der prophetischen Kritik auf das Patriarchat über den Buchstaben der prophetischen Botschaft hinausgeht.

»Feministische Theologie bringt zum Ausdruck, was in der

männlichen Verteidigung der Armen und Unterdrückten über-
sehen worden ist: daß Befreiung bei den Unterdrückten der
Unterdrückten beginnen muß, nämlich bei den Frauen der
Unterdrückten . . .«

Diese Ausweitung der biblischen Botschaft, wie R. Radford
Ruether das nennt, sagt etwas über ihr Bibelverständnis aus:
Sie sieht diese Texte nicht als für ewig festgeschriebene
Norm, sondern als eine lebendige, immer in einem Prozeß der
Aneignung und Abstoßung begriffene Botschaft. *»Wir eignen*
uns die Vergangenheit nicht an, um in ihren Grenzen zu
bleiben, sondern um auf neue Zukunftsmöglichkeiten hinzu-
weisen.«

Diese Zukunftsmöglichkeiten entspringen aber nicht Phantasien im luftleeren Raum einer traditionslosen Abstraktion,
auch nicht nur einer heutigen Erfahrung, sondern dem Gespräch zwischen heutiger Glaubens- und Lebenserfahrung
mit der Glaubens- und Lebenserfahrung, wie sie in den
biblischen Texten festgehalten worden ist. Es ist zwar vielleicht ein gefährlicher Weg, aber meiner Überzeugung nach
ein Weg voller Verheißungen eines neuen Lebens.

Gottesbilder ~ Frauenerfahrungen mit Gott

Theologie hat ihrem Namen entsprechend mit dem Nachdenken über Gott zu tun. Frauen, Theologinnen und
Nicht-Theologinnen, denken heute innerhalb und außerhalb
der Kirche viel über Gott nach. Dieses Nachdenken hat zu
Auseinandersetzungen geführt, auch zu Spott von männlicher Seite. Als wir 1980 von einem Studienurlaub in Kalifornien zurückkehrten, wo wir uns intensiv mit Frauenbewegung
und mit feministischer Theologie befaßt hatten, fragte ein
Kollege: »Wie ist es nun? Ist Gott ein Mann oder eine Frau?«
Ich erinnere mich noch, daß diese Frage uns tief verletzte,
stellte sie doch das Nachdenken über das Gottesbild, das
heißt Fragen nach dem letzten Sinn unseres Lebens, auf die
Ebene der üblichen Witzeleien zwischen Männern und Frau-
en. Ich hoffe, daß es mir gelingt, die heikelste – oder eine der
heikelsten – Frage in diesem Kontext, nämlich die nach
Erfahrungen von Frauen mit Gott und mit den Gottesbildern
der jüdisch-christlichen Tradition, auf einer anderen Ebene
zu behandeln, die nicht zu dieser Art von Verdrängung einer
Thematik führt, die uns alle angeht. Ich kann das nur, wenn
ich zu Beginn dieser Vorlesung den akademischen Stil durch-
breche und sehr persönlich einsteige. Dorothee Sölle hat
einmal gesagt, es sei immer noch verpönt, in Vorlesungen das
Wort »ich« zu gebrauchen. Das gelte als unwissenschaftlich.
Ich werde mich nicht an diesen akademischen Brauch halten.
Ich meine, daß es zwar sicher nicht beim »ich« bleiben darf,

daß alle Ich-Aussagen reflektiert werden müssen, daß sie auch der Tradition und der offiziellen kirchlichen Lehre gegenübergestellt werden müssen. Ich meine aber tatsächlich, daß das Wort »ich« im Sinne der Berufung auf Erfahrung des eigenen Lebens, der eigenen Geschichte, der eigenen Situation und der daraus erwachsenden Glaubenserfahrung unabdingbar ist, wenn wir von Gott reden wollen. Nur so kann ein anderer Horizont eröffnet werden, den ich jedenfalls nicht missen möchte.

Ich möchte also von einer eigenen Erfahrung erzählen und von dieser aus weiterdenken und dann selbstverständlich Einblick in die Erfahrungen, Gedanken und theologischen Ansätze anderer Frauen geben, wie ich das auch schon in dem letzten Kapitel getan habe. Während des bereits erwähnten Studienurlaubs in Kalifornien besuchten wir an einem Sonntagmorgen den Gottesdienst in einer bekannten Presbyterianerkirche. Sie hatte einen berühmten Prediger, die Kirche war voll, und das soll jeden Sonntag so sein. Der Pfarrer hatte also offensichtlich Erfolg. An jenem Sonntag brachte er in seiner Predigt ein Bild, übrigens ein sehr gutes Bild. Er sprach von der weltberühmten Brücke über den Eingang zur Bucht von San Francisco, der Golden Gate Bridge. Sie ist Ihnen allen sicher mindestens von Bildern bekannt, mit den beiden hohen Pfeilern oder Türmen und dem Bogen, der sich über den Golf schwingt. Der Prediger sprach im Grunde genommen aber nicht von der Brücke, sondern von den beiden Pfeilern. Diese sind eindrücklich, das ist zuzugeben, und ohne diese Pfeiler gäbe es die Brücke nicht. So erzählte er, wie diese beiden Pfeiler unverrückbar dastehen, und er brauchte sie als Bild für die beiden Grundgebote Gottes: »Du sollst Gott, deinen Herrn, lieben« und »Du sollst deinen Nächsten lieben wie dich selbst.« Das sind zweifellos Grundaussagen unseres jüdisch-christlichen Glaubens. Diese beiden Grundpfeiler unseres Glaubens seien, so sagte er, von Gott sozusagen in die Geschichte eingerammt worden, wie eben die Pfeiler der Brücke in die Ufer des Golfs eingerammt sind. Über sie hinaus darf nichts gehen, sie sind fest, und an ihnen darf niemand rütteln. Sie bilden eine unverrückbare Grenze – aber gegen wen oder was eigentlich? Ist Gott wirklich der, der primär Grenzen setzt? Ich konnte während der Predigt, in der er die Festigkeit und Unverrückbarkeit dieser beiden Gebote beschrieb, fast nicht stillsitzen und zuhören. Zu meinem Glück steckte im Rücken der Bankreihe vor mir ein Stück Papier und ein Bleistift. Ich ergriff sie und fing an zu zeichnen, obschon ich überhaupt nicht zeichnen kann. Ich zeichnete die beiden Pfeiler und den Bogen der Brücke und schloß dann die Augen und sah vor mir die Brücke, wie ich sie von unserer Wohnung aus jeden Tag sehen konnte und sie oft beim Sonnenuntergang beobachtete, die Brücke, deren Schwung und Farben ich liebe. Ich sah vor mir die Sonne und den Himmel, ich zeichnete die Wellen und die Wolken, und ich schrieb darunter: »Nichts über die Pfeiler hinaus, gut. Aber die Brücke lebt nur mit der Sonne und dem Wasser. Und die Türme sind nur gebaut, damit man hinübergehen kann. Die Türme sind nicht die Welt. Sie sind auch keine Grenze gegen das Geheimnis des Lebens. Der Himmel ist höher und das Meer ist tiefer als die Türme, die Menschen gebaut haben.« Und darunter schrieb ich: »Jesus hat sicher nicht in der Tonart dieses Mannes geredet.«

Der Mann, der mit einem wirklich gutgewählten Bild etwas Wesentliches klarzumachen suchte, dachte offenbar keinen Augenblick daran, wozu eine Brücke gebaut wird, und er sah sie nicht, während er redete. Er spürte nichts von der Kommunikation, die sie schafft, noch von der Schönheit, die durch diesen Bogen, der sich von einem Ufer zum anderen schwingt, bewirkt wird. Natürlich war ich damit einverstanden, daß es die beiden Türme braucht. Ich würde mich auch nicht dagegen wehren, daß sie als Bild für zwei Grundgebote Gottes gebraucht werden, die auch ich für wichtig halte, und ich weiß natürlich, daß kein Bild alles sagen kann. Aber mir selbst ging bei diesem Bild auf, daß diese Darstellung von Gottes Geboten genau das war, was ich als Christin immer gehört und auch schon selbst gesagt hatte und was im Grunde genommen meinem grundlegenden Lebensgefühl nicht entspricht. Ich kann Gott nicht mehr – und eigentlich konnte ich es nie – als den verstehen, der unverrückbare Grenzen setzt, sondern nur als den, der Leben schafft und Kommunikation ermöglicht und will, und für den Gesetze und Ordnungen wandelbare Größen sind. Mir ist es wichtiger, daß die Brücke begangen wird, daß sie der Verbindung zwischen zwei voneinander getrennten Ufern dient, als daß sie auf zwei unverrückbaren Pfeilern ruht. Diese sind freilich ein unabdingbarer Teil des Ganzen, aber isoliert sind sie sinnlos. Ohne Bild gesagt: Ich kann nicht mehr eine feststehende Lehre über Gott übernehmen, nicht mehr an eine für immer abgeschlossene Offenbarung Gottes glauben, die wir nur noch interpretieren können. Nein, Gott ist größer, er ist auch in mir. Anders gesagt und um zum Bild zurückzukehren: Gott ist auch in der Schönheit, in den Farben und in der Tiefe des Lebens – ich denke dabei an das Meer. Seine Gebote sind nicht abstrakt. Gott ist als Lebendiger, anders gesagt: als Lebens- und Seinskraft präsent und nah, geheimnisvoll und nie ganz zu fassen. Ich weiß natürlich, daß diese Seite, ausgesprochen und unausgesprochen, in der Geschichte der Kirche immer da war, daß das nichts grundlegend Neues ist. Aber es ist nicht die Seite, die maßgeblich zum Tragen kam, es ist nicht die Seite, von der meine Kirche lebt. Es ist die Seite der Schwärmer, der Grenzgänger, der Ketzer, der Unzuverlässigen – der Frauen, derer, die nicht so genau trennen können oder wollen, die nicht primär abgrenzen. Heute wagen Frauen es auf Grund dessen, was ich im letzten Kapitel als neues Wert- und Lebensgefühl gekennzeichnet habe, von ihren eigenen Erfahrungen mit Gott zu reden, und viele von uns – ich auch – haben das Gefühl, es sei ihnen lange etwas abgeschnitten worden durch die Art, wie in den Kirchen von Männern über Gott geredet und gelehrt wird. Viele Frauen haben das Gefühl, sie seien damit um etwas Wesentliches betrogen worden, es sei ihnen der Zugang zum Lebendigen, zur Quelle, zum Sinn des Lebens, zu Gott abgeschnitten worden. Ich weiß, daß in zunehmendem Maße auch Männer, »Laien«, dieses Gefühl haben. Trotzdem möchte ich mich – meinem Auftrag entsprechend – auf die Aussagen von Frauen beschränken. Es wird sich dann ja zeigen, in Ihrem eigenen Nachdenken, wie Sie als Männer und Sie als Frauen darauf reagieren.

Da in der feministischen Theologie neben dem »ich« das »wir« eine wichtige Größe ist, »wir« im Sinne geteilter Erfahrungen innerhalb kleiner und größerer Frauen-Gemeinschaften, innerhalb der »Frauenkirche«, die natürlich nie die ganze Kirche ist, die aber für viele von uns ein Stück notwendiger geistlicher Heimat ist – da also das »wir« wichtig ist, möchte ich im folgenden kurz wiedergeben, wie eine junge Frau ihre feministische Bekehrung beschreibt – es ist leider wieder eine Amerikanerin, und es handelt sich um eine nicht veröffentlichte Arbeit zur Erlangung eines Master-Degrees in Berkeley. Mir scheint diese Erfahrung wichtig als Voraussetzung zum Verständnis dessen, was ich nachher systematischer über Erfahrungen und Gottesbilder von Frauen sagen möchte.

Diese junge Frau – nennen wir sie Ann – braucht ganz bewußt das Wort Bekehrung für ihren eigenen geistlichen Weg. Sie sagt ehrlich, daß sie durch die Begegnung mit der Frauenbewegung, die ihr ein neues Lebensgefühl und Wertbewußtsein vermittelt hat, nach ihrem eigenen Gottesverständnis und ihrem Glauben zu fragen begonnen hat. Sie hat erkannt, daß auch für sie echte religiöse Erfahrung unterdrückt worden ist. Sie sagt das so: Die Erfahrung eines liebenden, Leben spendenden Gottes ist übersetzt worden in Ausdrücke, die männliche Unterdrückung nicht in Frage stellen. Gott wird Vater genannt, und die Übersetzung der Erfahrung liebender Präsenz in das Vaterbild wird ebenso heilig oder noch heiliger als die ursprüngliche Erfahrung. Man könnte auch so sagen: Die Formulierung, die Festlegung der Erfahrung wird wichtiger als die Erfahrung selbst. Aus ihrem eigenen Leben heraus, aus der Begegnung mit Liebe und Tod sind ihre Fragen erwachsen, und sie hat plötzlich die Erfahrung gemacht, daß sie, wie sie es ausdrückt, sehend wurde. An einer anderen Stelle dieser Darstellung sagt sie:

»Wenn die Welt aufbricht« (»When the world cracks open«), also wie ein Vorhang zerrissen wird. Innerhalb dieses Prozesses kommt es bei ihr zu einem Zorn – ich würde sagen: zu einem heiligen Zorn – auf die Verkehrung ihrer eigensten tiefsten Erfahrungen innerhalb eines sterilen patriarchalen Systems. Sie bezeichnet das Patriarchat als Sünde. Darum ist auch Bekehrung, was ja in der christlichen Sprache Umkehr aus einem Zustand der Sünde bedeutet, das adäquate Wort für ihren Weg. Feministische Bekehrung, so sagt sie, schließt das Sterben unseres Einverständnisses mit dem Patriarchat in sich, so daß wir neu geboren werden. Dieser Tod ist auch der Tod eines Bildes von uns selbst, und es ist der Tod des Bildes von Gott als dem Vatergott des Patriarchats. Wer denkt, daß dieser Weg leicht ist, muß sich von meiner Gewährsfrau sagen lassen, daß das Zerbrechen dieser Bilder von uns selbst und von Gott von vielen Frauen, unter anderen auch von Mary Daly, als Erfahrung des Nicht-Seins (Nothingness) beschrieben wird. Weil das so erschreckend ist, fallen wir immer wieder zurück in die uns vertraute Sprache einer patriarchalen Kirche. Dieser Weg ins Nicht-Sein, ins Nicht-mehr-Wissen ist aber, so sagt Ann, gegründet auf Glauben. Es ist der Glaube, daß es ein Selbst gibt, das patriarchale Rollen und Identitäten übersteigen kann, es ist Glaube an einen Sinn, der aus dem Chaos der Sinnlosigkeit auftauchen wird. Es ist ein tiefer Glaube in die Verläßlichkeit des Lebens, aber klar ist, daß dieser Weg in den Widerspruch zu unserer Kultur und zu allem kirchlich Vertrauten führt, und das ist außerordentlich schwer auszuhalten.

Wer also fragende, kritische Frauen einfach schlechthin als törichte Draufgängerinnen bezeichnet, die mit dem Heiligsten spielen, weiß nicht, was er oder sie sagt. Es könnte ja sein, daß auf diesem Weg durch die Wüste Gott erscheint, daß Gott einen neuen Namen, neue Namen erhält. Die Gabe und die Macht, die Welt zu benennen, ist den Frauen ja von den Männern weggenommen worden. Sie erinnern sich vielleicht an den Bericht in 1. Mose 2, daß Adam das Recht und die Möglichkeit hatte, die Welt zu benennen. Heute fordern

Frauen dieses Recht zurück, und es ist mehr als ein bürgerliches Recht, es ist ein tiefes Menschenrecht, die Welt und eben auch Gott selbst benennen zu dürfen.

In dem Text, den ich vor mir habe, heißt es: Die Zeit in der Wüste ist eine Zeit der Hoffnung, denn wir glauben ja an den Gott, der voller neuer Möglichkeiten ist, wir suchen aber nach einer neuen Sprache für unsere Vision, und Frauen kommen zu einer neuen, ihrer eigenen Sprache, wenn jemand ihnen zuhört. Die Verfasserin dieser Zeilen zählt sich selbst zu denen, die in der christlichen Tradition nicht nur Unterdrückung, sondern auch Befreiung erlebt haben, und sie versucht, die Spannung auszuhalten, die darin liegt. Andere haben einen anderen Weg gewählt. Doch lassen Sie mich nun in einem anderen Stil weiterfahren und versuchen, einige der Rückfragen von Frauen an das Gottesbild unserer Kirche etwas systematischer darzustellen.

Dieses Bild ist eindeutig männlich geprägt, auch wenn das von theologischer Seite häufig bestritten wird. Aber die Personen der Trinität, die im Glaubensbekenntnis in vielen Kirchen bekannt werden, sind alle männlich: Gott Vater, Sohn und Heiliger Geist. Die Sprache in Gottesdiensten und Liturgien ist deutlich: Gott ist der Herr, der König, der Herr der Heerscharen, es ist von seinem Handeln, seinem Reich die Rede, noch ganz abgesehen von Liederversen wie diesem, den ich kürzlich in einem Gottesdienst einfach nicht mitsingen konnte: »*Ein Kriegsmann darf nicht stillestehn, sieht er voran den Feldherrn gehn.*« Im übrigen spricht auch die Kunstgeschichte eine deutliche Sprache. Sie hat in oft wunderschönen Bildern das Bilderverbot des Alten Testaments vielfach übertreten und Gott immer in der Gestalt eines meist alten Mannes dargestellt, Christus berechtigterweise natürlich als jungen Mann, obschon es von ihm manche Bilder gibt, die ihn als fast androgynen Jüngling darstellen. Beim Heiligen Geist wurde es schwieriger – die Taube ist ein weibliches Symbol, die Flammen sind geschlechtsneutral. Überragend aber ist auf alle Fälle Gott der Vater, und die kirchliche Sprache braucht im Reden von Gott immer männliche Artikel und Pronomina. All das spricht stärker als die immer wieder gehörte und auch ganz ehrlich gemeinte und sicher vielfach belegbare Versicherung, Gott sei doch selbstverständlich geschlechtsneutral. Männer, die sich ihrer selbst und ihrer eigenen Position in Kirche und Gesellschaft nicht bewußt sind, die diese als fraglos gegeben – als von Gott gegeben – annehmen, werden dadurch ja auch nicht verletzt und können darum leicht die Kritik von Frauen als lächerlich und belanglos abtun.

Wie aber gehen Frauen mit ihrem wachsenden Unbehagen, ihrem Zorn, ihrem Sehend- und Hörend-Werden um?

Viele von uns haben damit angefangen, in der Bibel nach Stellen zu suchen, an denen Gottes weibliche Seite ausdrücklich oder indirekt offenbar wird. Ich denke dabei zum Beispiel an Jesaja 66, 13, wo es von Gott heißt: *»Wie einen seine Mutter tröstet, so will ich euch trösten«*, oder im 84. Psalm werden die Altäre Gottes so geschildert: *»Nun jauchzen mein Herz und mein Leib dem lebendigen Gott entgegen. Auch der Sperling hat ein Haus gefunden und die Schwalbe ein Nest für sich, darein sie ihre Jungen gelegt hat: deine Altäre«* – und dann geht es zu meinem Leidwesen weiter: *»O Herr der Heerscharen, mein König und mein Gott.«* Jedenfalls wird in diesem Psalm klar, daß es bei Gott eine tiefe Geborgenheit gibt, wie wir sie zu Recht oder Unrecht mit Mutter verbinden, und dasselbe sagen die in den Psalmen häufigen Bilder, daß wir »unter dem Schatten deiner Flügel« Ruhe finden. In einem ökumenischen, von Frauen formulierten Glaubensbekenntnis wird das so aufgenommen: *»Ich glaube an den Heiligen Geist (oder die heilige Geistin), den weiblichen Geist Gottes, der/die wie eine Henne uns schuf und zur Welt brachte und uns mit ihren Flügeln deckt.«* In die Reihe dieser Entdeckungen gehört natürlich auch der Umgang Jesu mit Frauen, aber nun eben nicht nur das, sondern auch sein eigenes Reden über Gott. Ich denke an die berühmten parallelen Gleichnisse in Lukas 13, wo zuerst vom Reich Gottes im Bilde eines Senfkorns geredet wird, das ein Mensch (vermutlich ein Mann) in die Erde legte, und dann im Bilde eines Sauerteigs, den eine Frau nahm und in ihren Teig rührte. In Lukas 15 ist es ein Hirt, der ein verlorenes Schaf sucht, und eine Frau, die nach einer verlorenen Drachme sucht, bis sie sie gefunden hat. Es ist auch bekannt, daß Jesus selbst den Vater mit einer sehr intimen Form des Vaternamens angeredet hat, aber in unserer kirchlichen Tradition ist es im Glaubensbekenntnis so festgelegt worden: »*Ich glaube an Gott, den Vater, den Allmächtigen . . .*« Dieser Vater ist dann mehr und mehr das Haupt der patriarchalen Ordnung geworden. Seine Züge wurden immer strenger, und das Bild des Vaters, der seinem aus der Fremde zurückkehrenden Sohn entgegenging, um ihn verzeihend in die Arme zu schließen, wurde mehr und mehr verdunkelt – nicht nur für Frauen.

Frauen haben sich mancherorts dafür eingesetzt, und ich habe das in manchen Gottesdiensten erlebt, daß Gott »unser Vater und unsere Mutter« angeredet worden ist. Es wird auch mancherorts versucht, wenn von Gott die Rede ist, nicht einfach mit »er« weiterzufahren, sondern er/sie zu sagen oder zu schreiben. Das Schreiben ist übrigens leichter als das Aussprechen. Interessant zu erwähnen ist in diesem Zusammenhang die Regelung, die R. Radford Ruether in ihrem Buch vornimmt:

»Wenn das Gottesverhältnis im alten Vorderasien gemeint ist, spreche ich von Göttern und Göttinnen, um deutlich zu machen, daß es sich um ein männlich-weibliches Begriffspaar handelt. Wenn ich über das Göttliche in der jüdisch-christlichen Tradition spreche, benutze ich den Terminus Gott. Da es aber eine männliche Gattungsform ist, ist er dazu ungeeignet, die Vision der in dieser Theologie gesuchten Gottheit auszudrücken. Damit soll jedoch nicht gesagt werden, daß es im jüdischen und im christlichen Gottesverständnis keine brauchbaren authentischen Begriffe für das Göttliche gibt. In der Diskussion über die göttliche Vollkommenheit, die diese Theologie beinhaltet, gebrauche ich den Ausdruck Gott/in, ein künstliches Symbol, das die männliche und weibliche Bedeutung des Wortes für das Göttliche vereint und der jüdisch-christlichen

Behauptung, daß die Gottheit eine Einheit sei, Rechnung trägt. Dieser Terminus ist unaussprechbar und unangemessen. Es ist nicht daran gedacht, ihn in der Sprache des Gottesdienstes zu verwenden, wo wir... einen Ausdruck wie ›Heilige Einheit‹ oder ›Heilige Weisheit‹ bevorzugen würden. Hier dient er als analytisches Zeichen, das uns auf das unnennbare Verständnis des Göttlichen hinweist und die patriarchalischen Begrenzungen überschreitet und die Hoffnung auf Erlösung für Frauen und Männer verkündet.«[17]

Auf all diese Arten soll zum Ausdruck gebracht werden, daß Gott nicht nur männlich sein kann. Im Gebetbuch, das für Vancouver zusammengestellt wurde, findet sich eine Segensformel, die dasselbe Anliegen nochmals auf andere Weise zum Ausdruck bringt:

»Der Segen des Gottes von Sarah und Abraham,
der Segen des Sohnes, von Maria geboren,
der Segen des Heiligen Geistes, der über uns wacht
wie eine Mutter über ihre Kinder, sei mit uns allen. Amen.«

In einem amerikanischen Frauenlied, das an ein kleines Mädchen gerichtet ist – es ist ein säkulares Lied, aber diese säkularen Lieder enthalten recht viel von Frauenspiritualität –, heißt es zum Schluß: »Möge der warme Wind dich streicheln, möge Gott lächeln, möge sie dich segnen.« Diesen ganz verschiedenartigen, aber parallelen Versuchen liegt zweierlei zugrunde. Es ist einmal das Tasten nach einem umfassenderen Gottesbild, das – wie R. Radford Ruether in dem vorhin zitierten Satz sagt – »die patriarchalischen Begrenzungen überschreitet«, und andererseits das Ringen um eine andere, dem entsprechende Sprache. Zu beidem noch ein paar Worte.

Die Sprache soll nicht immer neu uns Frauen ausschließen. Es soll zum Beispiel auch durch vorläufig sehr unvollkommene Formulierungen wie das schwerfällige er/sie ein Problem bewußt gemacht werden. Es soll versucht werden, inklusiv, nicht exklusiv, das heißt Frauen ein- und nicht ausschließend, zu reden. Es gibt schon einige Pfarrerinnen und Pfarrer in protestantischen Kirchen – von der katholischen Kirche weiß ich es nicht so genau –, die sich mindestens um eine solche Sprache bemühen. Es ist sehr schwer und sehr mühsam, aber ich meine, es sei der Mühe wert, auch wenn es nur ein winziger Schritt auf dem langen Weg zur Lösung des wirklichen Problems ist. Mir hilft es schon, wenn ich spüre, daß Menschen, Frauen und Männer, aufgehorcht haben und versuchen, mit ihrer Sprache etwas von dem, was sie begriffen haben, deutlich zu machen.

Das andere aber ist der tastende Versuch, über ein zu enges, weil eben in männlicher Sprache und Bildsprache festgelegtes Gottesbild hinauszukommen. Darum zunächst einmal der Hinweis, daß es ja auch eine andere Seite in der Bibel gibt, darum der Versuch, die Anrede »Vater« durch »Mutter« zu ergänzen. Für viele ist das schon zu weit gesprungen, es grenzt an Blasphemie. Ich selber frage mich, ob es weit genug geht, ob es mir überhaupt etwas nützt. Will ich wirklich neben dem Vater die Mutter sehen? Will ich sozusagen ein Elternpaar im Himmel sehen, womöglich noch eines, das mich immer auf der kindlichen – oder soll ich sagen infantilen – Stufe festhalten will? Löst das irgend etwas von meiner wirklichen Problematik? Ich respektiere die Versuche, Gott auch mit Mutter anzureden. Sie durchbrechen einen Schleier, aber ich möchte wirklich nicht von himmlischen Eltern abhängig bleiben. Das Nebeneinander von Vater und Mutter, das für einen wesentlichen Lebensabschnitt jedes Menschen von entscheidender Bedeutung ist, ist so stark von unseren bürgerlichen Familienvorstellungen im Patriarchat geprägt, daß es mir jedenfalls nicht viel zur Findung meiner Identität und zur Stillung meines tiefsten Suchens nach Sinn hilft.

Da sind für mich andere Wege hilfreicher. Zwei davon möchte ich kurz zitieren. Dabei beziehe ich mich auf eine Äußerung von Catharina Halkes in ihrem letzten Buch. In einer Standortbestimmung, die sie unter anderem in Auseinandersetzung mit der Göttinnenbewegung abgibt (auf die ich noch kurz kommen werde), sagt sie:

»Immer wieder macht mich die Erleichterung und die Freude zahlreicher Frauen betroffen, wenn sie entdecken, daß Gott eben kein Mann ist. So fest also sind diese Bilder in unserer Kultur und Religion verankert... Natürlich geht es nicht um das Geschlecht Gottes, heißt es bei uns Theologen; doch in der Praxis zeigt sich, daß Menschen das Gott zugeschriebene Handeln dennoch als männlich oder väterlich erfahren. Daher ziehe ich die vorläufige Verlegung des Akzentes auf die Immanenz Gottes vor.«[18]

In diesem letzten Satz sind für mich zwei Wörter wichtig: »Immanenz«, wobei ich nicht weiß, ob sie Immanenz Gottes in der Welt oder in der eigenen Erfahrung, im eigenen Leben meint, und »vorläufig«. Es handelt sich um Formulierungen auf dem Wege, und sie sind wandelbar. Für mich selbst sind zwei solcher Texte wichtig, einer von Mary Daly und einer aus 2. Mose 3. Zunächst Mary Daly. In ihrem Buch »Beyond God the Father«, das bereits 1973 erschienen ist und uns in einer guten deutschen Übersetzung, aber mit dem schnoddrigen Titel »Jenseits von Gottvater, Sohn und Co.« vorliegt, heißt es einmal:

»Weshalb muß Gott eigentlich ein Substantiv sein, weshalb nicht ein Verb, die aktivste und dynamischste aller Wortformen? Ist die Benennung Gottes mit einem Substantiv nicht ein Mord an diesem dynamischen Verb gewesen? Und ist nicht das Verb unendlich viel persönlicher als ein bloßes statisches Substantiv? Die anthropomorphen Symbole für Gott mögen der Absicht entspringen, Persönlichkeit zu vermitteln. Aber sie drücken nicht aus, daß Gott lebendiges Sein ist. Die Frauen, die den Schock des Nicht-Seins und den dagegen ansteigenden Willen zur Selbstbejahung erleben, begreifen das Transzendente eher als das Verb, an dem wir teilhaben, aus dem heraus wir leben, uns bewegen und unser Sein schöpfen.«[19]

Kraft des Seins oder des Seienden oder das Sein, das im

Werden begriffen ist, englisch Be-ing, das ist eine Umschrei-
bung, die Anteilnahme ohne Ausschluß vermittelt, die auch
den Zugang zur Schöpfung, zum Kosmos in sich schließt.
Leben und Ganzheit, Kraft und Bewegung, das ist zugegebe-
nerweise inhaltlich nicht gefüllt. Für Mary Daly steht ganz
entscheidend der Prozeß und die Schwesternschaft innerhalb
der Frauenbewegung dahinter. Mit meinen eigenen Worten,
denen sie so vermutlich nicht zustimmen würde, gesagt:
Dieses lebendige Sein ist seinem innersten Wesen nach Liebe.
  Doch nun zu der biblischen Stelle, 2. Mose 3, 14. Es geht
um die Offenbarung Gottes an Mose, um seine Berufung zur
Herausführung des Volkes Israel aus der Knechtschaft in
Ägypten. Da fragt Mose nach dem Namen Gottes, weil er
seinem Volk doch sagen müsse, wer der Gott sei, der da zur
Befreiung rufe. Auf diese Frage antwortet Gott mit einer
Selbstbezeichnung, die meistens so übersetzt wird: »Ich bin,
der ich bin.« Über diese Aussage hat es viel kluges, philoso-
phisches Nachdenken gegeben. Es ist geltend gemacht worden. Gott habe seinen Namen nicht preisgeben wollen, es
wird vom deus absconditus, dem verborgenen Gott geredet,
der Sinn der Aussage sei eher, zu verhüllen, den Menschen in
seine Schranken zu weisen. Mehr als daß Mose den Ruf zum
Auszug vernehme, brauche er nicht zu wissen. Nun gibt es
aber vom Hebräischen her auch ganz andere Auslegungen,
denn die hier gebrauchte Form des Verbs »sein« kann auch als
Futurum verstanden werden. Vor Jahren hat mich die Übersetzung und Interpretation von Hans Heinrich Schmid, heute
Professor für Altes Testament an der Universität Zürich,
stark angesprochen. Er schlägt die Übersetzung vor, die mir
geblieben ist: »Ich bin der, als der ich mich erweisen werde.«
Wer Gott ist, ist also nicht abgeschlossen, Gott wird sich in
der Geschichte immer wieder erweisen. Nach biblischem
Verständnis heißt das allerdings nicht, daß damit alle Konti-
nuität abgerissen würde, wohl aber daß der, der sich jetzt als
Befreier erweist und zur Befreiung aufruft, sich so auch
immer wieder in der Zukunft erweisen werde.
  Was hindert mich daran, diese Erklärung in unsere Frauen-

suche und Frauenproblematik hineinzunehmen? Gott ist lebendig, läßt sich nicht festlegen, auch nicht auf ein nur männlich geprägtes Bild. Ich könnte die Übersetzung von H. H. Schmid feministisch erweitern und sagen: »Ich bin der, als der/die ich mich erweisen werde.« Das heißt, auf unserem Frauenweg durch die Wüste begleitet uns diese Hoffnung, daß eine neue Begegnung mit Gott stattfinden kann, daß »sein« unbegreifliches Sein in einer neuen Situation eine neue Seite kundtun wird, daß Befreiung nicht nur Exodus aus Ägypten, sondern auch Exodus aus dem Patriarchat bedeuten könnte. Das bedeutet keinen Bruch mit der Tradition, die uns als Orientierung immer weitergegeben ist. Es bedeutet aber allerdings eine Abkehr von allzusehr festgelegten Definitionen und Beschreibungen Gottes. Diese Übersetzung führt ins Freie und läßt die Frage nach dem Geschlecht Gottes offen, das heißt, sie transzendiert diese Frage. Auf diesem Hintergrund kann ich auch sagen, daß es nicht um das Geschlecht Gottes geht. Erinnern Sie sich an das vorhin gelesene Zitat von Catharina Halkes. Es endet übrigens so:

»Meiner Ansicht nach gibt es einen Weg, auf dem wir der Orientierung treu bleiben können, die von der Schrift, von Christus und von der Tradition ausgeht, wenn wir damit nur phantasievoll und kreativ umgehen und neue Akzente setzen, die uns kritisch in Bewegung halten.«[20]

Nachtragen möchte ich noch zu dem Wort aus dem zweiten Buch Mose: Es ist sicher kein Zufall, daß diese Selbstbezeichnung Gottes in einer Berufungsgeschichte steht. Gott offenbart sich nicht als Selbstzweck. Wo göttliche Kraft, Kraft zum Leben und Handeln, einem Menschen aufgeht, wird sein/ihr Leben verändert und wird ihm oder ihr ein Auftrag gegeben, oder im Auftrag selbst erweist sich göttliche Liebe und Präsenz. Diese biblische Komponente, die immer wieder über jede Form von bloßer Innerlichkeit oder Selbsterfahrung oder Nabelschau hinausführt, ist für mich eine unabdingbare Komponente meines eigenen Glaubens und Lebens.

Nachdem ich selber am Anfang Hinweise darauf gegeben habe, in welche Richtung mein eigenes Nachdenken weitergehen könnte, möchte ich hier einen meiner Meinung nach notwendigen Exkurs machen und ganz andersartige Wege kurz darzustellen versuchen, wie sie von heutigen Frauen ernsthaft studiert und in Ritualen erprobt werden. Mir steht das Phänomen vor Augen, das mit dem Namen »matriarchale Spiritualität« umschrieben wird. Mir selber fehlt der direkte Zugang dazu weitgehend, aber ich möchte versuchen, das, was ich aus Büchern und Erfahrungen anderer und wenigen eigenen weiß, möglichst fair zu referieren. Diese matriarchale Spiritualität geht von der Annahme aus, daß an den Anfängen menschlicher Kultur matriarchale Gesellschaften existierten. Von uns Frauen aus gesehen, müssen diese ja unsere Wurzeln darstellen. Sie sind durch archäologische Forschungen in Restbeständen nachgewiesen worden. Sie spiegeln sich auch in vielen Mythen. Ein Mißverständnis ist gleich zu Anfang auszuräumen. Es geht den Frauen, die dieser matriarchalen Kultur mit Liebe nachgehen und sie zu einer für die Zukunft hilfreichen Utopie erheben, nicht um eine Umkehrung der bestehenden Verhältnisse, also nicht darum, daß etwa Frauen in der gleichen Weise herrschen sollten, wie es jetzt Männer (und auch Frauen) im Patriarchat tun. Vielmehr handelt es sich – und das ist das für mich am meisten Ansprechende und Überzeugende in diesen Forschungen – um hierarchiefreie Gesellschaftsformen. Forschungen sollen ergeben haben, daß es ein ganzheitliches Miteinander von Frauen und Männern gab, das dem Rhythmus der Natur nah verbunden war und diese also schützte. In diesem Zusammenhang ist der Name der Münchner Philosophin Heide Göttner-Abendroth zu nennen, die nicht nur viel gelesene Bücher geschrieben hat, wie »Die Göttin und ihr Heros«[21], sondern die auch mit Frauen zusammen versucht hat und weiterhin versucht, Rituale zu schaffen, Rituale, die dem Rhythmus der Jahreszeiten oder den Gezeiten des Mondes folgen. Ich kann hier nicht allzu ausführlich werden, ich müßte mich auch mit den Dingen noch viel eingehender befassen, als ich es bis jetzt getan habe. Es geht aber im wesentlichen, wenn ich es recht begriffen habe, um folgendes: Es soll nicht an die Stelle eines allmächtigen Vatergottes eine ebenso allmächtige Muttergöttin gesetzt werden, sondern das Bild der Göttin wird in dreifacher Gestalt gesehen: als das junge, frühlingshafte, das Leben erforschende und erjagende Mädchen, ihre Symbole sind Pfeil und Bogen, ihr entspricht die junge Mondsichel als Symbol. Denken Sie an Bilder von Diana und vergessen Sie nicht, auf wie vielen Bildern Maria auf der Mondsichel steht. Die zweite Gestalt ist die reife Frau, die »mit ihrer erotischen Kraft Erde und Gewässer, Tiere und Menschen fruchtbar macht und damit das Leben erhält«. Ihr entspricht der Vollmond. Sie vollzieht im Sommer die Heilige Hochzeit mit dem Heros, wie H. Göttner-Abendroth ihn nennt. Die dritte Gestalt ist die der Greisin. Sie wohnt in der Unterwelt – ihr entspricht der Neumond, sie vernichtet das Leben – im Winter – und läßt es zugleich auch wieder auferstehen. »Sie ist die mysteriöse Göttin ewigen Untergangs und ewiger Wiederkehr; sie bestimmt die astronomischen Zyklen (Aufgang und Untergang der Sterne) und damit auch die Zyklen der Vegetation und des menschlichen Lebens. Damit ist sie die Herrin der kosmischen Ordnung und die ewige Weisheit in Person.« Der Mann ist in jeder Phase seines Lebens auf eine dieser Gestalten bezogen. Er repräsentiert nicht den Kosmos. Im Frühling erfolgt seine Initiation, oft – wie in den Märchen – durch das Vollbringen schwieriger Aufgaben, im Sommer das Fest der Heiligen Hochzeit, im Winter sein Tod, verstanden als Selbstaufopferung, »um die kosmischen Regionen durch sein Blut für das nächste Jahr fruchtbar zu erhalten«. Die Dominanz der vielgestaltigen weiblichen Gottheit ist eindeutig. Das Symbol des Heros ist die Sonne, die nach H. Göttner-Abendroth in den matriarchalen Kulturen als vom Mond abhängig verstanden wurde. Sie wechselt die Farbe zwischen Rot und Gold, während der Mond die seine behält und zudem die Gezeiten des Wassers, das Pflanzenwachstum und die Zyklen der weiblichen Fruchtbarkeit bestimmt. Die Rituale heutiger

Frauen folgen dem Wechsel der Jahreszeiten – Sonnenwen-
den, Tag- und Nachtgleiche usw., aber auch dem Stand des
Mondes.

Viele Frauen fühlen sich heute von solchen Bildern, Mythen und Ritualen sehr stark angesprochen, sie spüren eigene
Kräfte, die lange unterdrückt waren, wieder lebendig werden, sie können sich aktiv beteiligen, und es geht – wenn ich
das recht sehe – weniger darum, all diese alten Vorstellungen
im Detail zu übernehmen, sondern viel eher um einen
Lebensvollzug, an dem sie teilnehmen können. Wenn ich zum
Vergleich an die Armut an Möglichkeiten der Beteiligung in
unseren Gottesdiensten denke, kann ich etwas von dieser
Anziehungskraft verstehen. Catharina Halkes weist in diesem Zusammenhang auf einen Artikel von Carol Christ hin:
»Warum Frauen die Göttin brauchen«[22]. Ich möchte die
Gründe, die sie anführt, hier gerne wiedergeben, weil mir
scheint, daß sie zum Verständnis helfen. Es ist erstens die
Anerkennung von weiblicher Kraft und Macht. Eine feministische Priesterin einer solchen Gemeinschaft sagt: »Wenn ich
mich schwach fühle, ist sie – die Göttin – eine, die mir helfen
und mich schützen kann. Wenn ich mich stark fühle, ist sie das
Symbol meiner eigenen Kraft. In anderen Zeiten erlebe ich
sie als die natürliche Energie in meinem Körper und in der
Welt.« Ein zweiter Punkt ist: Die Göttin bestätigt sozusagen
den Lebenszyklus von Frauen, sowohl die verschiedenen
Lebenszeiten als auch ihren körperlichen Zyklus. Das dritte
ist, daß die Göttin dafür steht, daß auch Frauen einen Willen
haben können. In der patriarchalischen Tradition sind ja
Frauen zu denen gemacht worden, die immer passiv sind, die
geschehen lassen sollen, angefangen beim Fiat der Maria bis
hin zum ständigen Warten von Frauen, warten, daß irgend
etwas geschehen soll, warten, daß der Mann, der in der
»Welt« aktiv ist, zu ihr zurückkehrt. Die Göttin symbolisiert,
daß auch Frauen einen Willen haben können. Und schließlich
kommen in diesem Aufsatz, der etwas andere Bilder braucht
als H. Göttner-Abendroth, die starken Bindungen zwischen
Frauen zum Zuge, vor allem diejenigen zwischen Mutter und

Tochter – denken Sie an Demeter und Persephone, die Mutter, die ihre Tochter für einen Teil des Jahres in die Unterwelt geben muß als Gemahlin des Gottes der Unterwelt. Dann trauert die Natur im Winter, und sie wird wieder zum Leben erweckt, wenn die Tochter zu ihrer Mutter zurückkehrt. Dieser Mythos macht klar, daß eine Bindung zwischen Frauen stärker sein kann als die zwischen Mann und Frau.

Für uns als Christinnen oder Christen oder auch als Israeliten ist der Umgang mit diesen Vorstellungen schwierig. Mir scheint, das Verkehrteste, was wir tun können, ist, sie einfach hart abzuwehren und auszuschließen. Wir sollten uns daran erinnern, daß solches schon einmal geschehen ist, daß es aber in der Kirchengeschichte auch neben dem Ausschluß den Einbezug gegeben hat. Beides hat seine eigene Gefahr. Durch den harten Ausschluß wird sich die patriarchale Gestalt der Kirche immer mehr verhärten, und Frauen werden wieder einmal zu Hexen gestempelt. Der Einbezug scheint mir ebenso unmöglich, auch wenn in der alten Kirche heidnische Tempel und heidnische Bräuche gebraucht und umgedeutet worden sind und manches von ihrer Substanz auch in unsere eigene Geschichte eingegangen ist. Nicht umsonst feiern wir an Winter-Sonnenwende Weihnachten usw. Aber das geht auch noch viel tiefer, wenn Sie daran denken, wieviel von der Substanz vorbiblischer Gottheiten zum Beispiel in die Bilder und in die Marienfrömmigkeit eingeflossen ist. Ich meine aber, daß eine solche Vereinnahmung heute schwierig ist. Sie tut der Erforschung von Schichten, von denen wir wenig wissen, unrecht, sie sucht zu rasch nach einer alle befriedigenden Lösung. Ich meine, wir sollten das Gespräch nicht abreißen lassen. Catharina Halkes, die sich von Göttinnenkulten klar distanziert, sagt an der bereits einmal zitierten Stelle:

»Für mich ist es vollkommen klar und verständlich, daß in einer Zeit, in der Frauen entdecken, wie sehr sie vom dominanten Symbolsystem und also auch von der darin begründet

liegenden Wirklichkeit eingeschränkt werden, auf Bilder aus einer früheren Kultur und auf Natursymbole zurückgegriffen wird, die mit dem ›Weiblichen‹ identifiziert werden (der Mond etwa, aber auch der Schoß). Wir bedürfen dessen als Reaktion auf die Einseitigkeit und die Übermacht, unter denen wir gelitten haben. Natürlich beinhaltet das Plädoyer für ausschließlich weibliche Symbole die Gefahr einer anderen Einseitigkeit. Aber diese würde ich – vorübergehend und als Ausdruck des Übergangs – für nicht so schlimm halten. Sie erscheint mir als eine gute Schocktherapie für diejenigen, die sich noch kaum damit beschäftigt haben, und als heilsam und bestätigend für die, die diesem Problem bereits offen gegenüberstehen. Dennoch glaube ich nicht, daß hier für denjenigen die Lösung des Problems zu finden ist, der sich auch weiterhin mit der jüdisch-christlichen Glaubenstradition verbunden fühlt.«[23]

Darum plädiere ich dafür, das Gespräch nicht abreißen zu lassen. Ich denke, wir sollten darauf hören, was sich in dieser matriarchalen Spiritualität und in sehr naturverbundenen Ritualen an Frustration und an Wiederentdeckung von Qualitäten des Kosmos, der Schöpfung, der menschlichen Natur neu oder wieder erschließt. Ich meine, gerade wenn wir ein anderes Gottesbild haben, dann müßten wir nicht ängstlich sein. Wir könnten uns auf manches einlassen, ohne nach dem »Hexenhammer« zu greifen. Die Frage bleibt natürlich offen, inwiefern nun von heutigen Erfahrungen aus – mit Rückgriff auf viel ältere, vielleicht zum Menschen gehörende Symbole – etwas projiziert wird. Doch diese Frage muß sich ebenso an das von Männern geschaffene patriarchale Gottesbild richten. Nur wenn wir bereit sind, auch dieses zu hinterfragen, obschon es – im Gegensatz zu den matriarchalen Gestalten – die ganze Macht der Tradition für sich hat, werden wir in der rechten Freiheit kritische Fragen an neu auftauchende, wenn auch uralte Göttinnen und ihre Rituale richten können.

Dem Aufbau der christlichen Trinität folgend, möchte ich auf die zweite Person, auf Jesus Christus, kommen. Kann ein männlicher Erlöser Frauen erlösen? Diese Frage stellen Frauen heute. Männer und andere Frauen antworten ihnen darauf sehr rasch: Im *Menschen* Jesus ist Gott Mensch geworden. Die Inkarnation Gottes in der Welt hängt nicht an der Männlichkeit von Jesus. Das glaube ich persönlich auch, aber denen, die den kritischen Fragen von Frauen so antworten, möchte ich entgegenhalten: In der Tradition der Kirche ist einerseits das Mann-Sein Jesu verschleiert worden, sicher aus Angst vor der Sexualität – denken Sie nur daran, wie schwierig es ist, zu sagen oder zu denken, Maria Magdalena sei mit Jesus befreundet gewesen. Die Möglichkeit jeder Form von Erotik löst hier Angst aus. Aber es wird auch noch ganz anders herum argumentiert: Jesus war ein Mann (da ist es plötzlich wichtig, und da reicht das »Mensch«-Sein nicht), die Apostel waren Männer (in diesem Fall wird an die Zwölf gedacht), darum kann nur ein Mann Christus im Gottesdienst, besonders in der Feier der Eucharistie, repräsentieren. Wie ist es möglich, einerseits die neutrale Menschlichkeit von Jesus zu betonen gegenüber all denen, die hier Probleme haben, und andererseits mit dem Mann-Sein Jesu zu argumentieren, wenn Gründe gegen die Ordination der Frau gebraucht werden? Hier liegen auf alle Fälle tief begründete Widersprüche vor. Ich möchte also nochmals sagen: Viele Frauen stoßen sich am männlichen Erlöser und an der Erhöhung des Mannes Jesus zum Pantokrator, wie wir ihn über vielen Kirchentüren sehen, und viele haben – aus anderen Gründen – große Schwierigkeiten mit kirchlichen, theologischen Interpretationen des Opfertodes. Ich möchte heute beim »Herrn« bleiben. Viele von uns ertragen dieses Wort im Gottesdienst nicht mehr, und ich kenne auch Pfarrerinnen und Pfarrer, die – wo immer das möglich ist – das Wort Herr durch das Wort Gott ersetzen. Wie gehen wir als heutige Frauen – als Christinnen – mit diesen Fragen um, sofern wir sie überhaupt wahrnehmen?

Hier gibt es ganz verschiedene persönliche und grundsätzliche Antworten. Zu den persönlichen gehört wohl, daß wir diese Fragen hören, aber uns trotzdem nicht lösen können oder wollen von dem, in dem wir aufgewachsen sind. Es ist zum Beispiel möglich, eine recht radikale Kritik an einer patriarchalen Kirche mit einem persönlichen Glauben an Jesus Christus zu verbinden. Dann werden die Bezirke, die in unserer eigenen Geschichte die bedeutsamsten und heiligsten waren und noch sind, ausgeklammert. Ich meine, radikale Feministinnen sollten nicht zu rasch mit Verachtung und Überlegenheit auf diese Haltung reagieren, sondern sich eher fragen, was sie selber in ihren eigenen Konzepten ausklammern. Demgegenüber gibt es die ganz radikale Haltung, wie sie am eindrücklichsten und konsequentesten von Mary Daly vertreten wird. Ich meine, wer sich wirklich orientieren will, darf es sich nicht ersparen, sich mit ihr auseinanderzusetzen, obschon das sehr anspruchsvoll ist. Sie hat die Folgerung gezogen, die Kirche zu verlassen. Für sie ist nach Jahren schmerzlicher Auseinandersetzung ein Glaube an Jesus oder Christus oder Jesus Christus nicht mehr möglich. Das Buch, mit dem sie im Grunde diese Haltung begründet, das aber in ihren neueren Büchern weit übertroffen wird, habe ich bereits zitiert. Ich kann hier nicht ausführlicher auf Mary Daly eingehen, aber ich halte sie für eine ganz bedeutende Denkerin. Man kann ihr sehr leicht Ungenauigkeiten vorwerfen in ihren kühnen Versuchen, weit Auseinanderliegendes aus der Frauengeschichte zusammenzusehen, man kann ihre gewagten Wort-Neubildungen kritisieren, aber man kann sie nicht einfach auf der Seite lassen, was ich jetzt zwar aus den bereits erwähnten Gründen auch tue, aber ich habe immerhin einiges von ihr gelernt.

Hier möchte ich mich auf zwei Versuche beschränken, mit der Frage nach Jesus, dem Christus, umzugehen. Der eine wird in dem viel gelesenen Buch von Hanna Wolff »Jesus der Mann«[24] ausgeführt. H. Wolff ist Theologin und Psychologin Jungscher Schule. Sie geht davon aus, daß wir uns über das Mann-Sein von Jesus nicht wegmogeln sollten, daß wir uns aber mit diesem Mann Jesus im Kontext seiner Umwelt neu auseinandersetzen sollten, und zwar mit den Erkenntnissen heutiger Psychologie. Kurz gesagt zeigt Hanna Wolff in spannender Weise auf, wie der Mann Jesus im Gegensatz zu seiner Kultur stand. Das hat ihn ja auch das Leben gekostet. Ich möchte sie zitieren:

»Worin besteht dieses ganz andere? Wie kann es mit Namen benannt werden? Sicherlich hat es viele Aspekte, und wir behaupten keineswegs (um das nochmals zu betonen), daß der von uns namhaft gemachte der einzige Aspekt sei oder daß er alle anderen einschließe. Wir behaupten aber, daß es der zentrale Aspekt zum Verständnis der Person Jesu ist, der darum unerläßlich ist, dieser nämlich: Jesus ist der erste Mann, der die Androzentrik der antiken Welt durchbrochen hat. Die Despotie der nur-männlichen Werte ist abgesetzt. Jesus ist der erste, der die Solidarität der Männer gesprengt hat, d. h. der nichtintegrierten Männer, ihre antifeminine oder animose Haltung. In Jesus steht der erste nicht-animose Mann vor uns.«

Unter animos versteht sie den Menschen, der seine gegengeschlechtliche Seite nicht integriert hat und darum mit Animosität gegen diese Seite auftreten muß, also im Fall des Mannes den Mann, der seine weibliche Seite, seine Anima, nicht voll in sein Leben integriert hat und darum zum Frauenhasser wird. Noch einmal sie selber:

»Animos, was heißt das? Es bedeutet alles das an Verhalten, was vom Bewußtseinspatriarchat zuvor geschildert wurde. Der Abgespaltenheit der Anima im eigenen Inneren entspricht nach außen hin eine insgesamt antifeminine Einstellung, die Abwertung des Weiblichen zum Nur-Weiblichen, die Herabsetzung aller weiblichen Werte bis hin zur Dämonisierung, wie wir sahen.«

H. Wolff verfolgt diese Linie liebevoll durch verschiedene Kapitel ihres Buches, sie geht den Begegnungen Jesu mit Menschen, vor allem mit Frauen nach, und es ist auch spürbar, daß sie etwas von moderner neutestamentlicher Forschung weiß. So kann sie dazu verhelfen, ein Jesusbild zu entwerfen, das vielen einzelnen Frauen und auch Männern einen neuen Zugang erschließen kann. Hanna Wolff will aber mehr als das. Sie verlangt von der Theologie, daß diese ihre Aussagen mit einem, wie sie es nennt, integrierten Verständnis neu durchdenke. Ihre Schlußthese heißt:

»Theologie müßte sich entschließen, wirklich die Sache, unbeirrbar die Sache mit einem integrierten Verstehen neu zu sagen, dem radikalen Novum entsprechend, das das durch die Tiefenpsychologie heraufgeführte moderne Menschenbild in der Tat repräsentiert. Das und nur das allein wäre eine Auferstehung aus theologischem und kirchlichem Tod.«

Hier überschreitet sie meiner Meinung nach eine Grenze, die sie vorher einmal selbst aufgestellt hat, sie erhebt eine neue absolute Forderung und dies – wie mir scheint – nicht zum Nutzen der von ihr vertretenen Sache. Von mir aus gesehen ist ihre Deutung von Jesus, dem Mann, ein beachtlicher Versuch, die Menschlichkeit Jesu mit einer neuen Brille zu sehen. Mir scheinen dabei aber zwei Dinge zu fehlen: Sie übersieht das, was aus Jesus in der Geschichte und der Theologie von den späteren Schriften des Neuen Testaments an bis auf den heutigen Tag gemacht worden ist und was auch nicht einfach nur als Fehlentwicklung abgetan werden kann. Auch wenn ich dieses Buch gelesen habe, weiß ich nicht, wie ich mit Jesus, dem Christus, umgehen kann. Und mein zweiter Punkt hat mit diesem ersten zu tun: Mir fehlt in ihrem Buch eine Antenne für ein letztes Geheimnis Gottes, das in der Gestalt des Christus und auch in der Kirche irgendwo verborgen ist. Ich bin dankbar für das, was durch die Tiefenpsychologie erhellt wird, und doch muß ich weitersuchen.

In welche Richtung dieses Suchen gehen kann, ist schwer zu sagen. Eine harte Auseinandersetzung unter feministischen Theologinnen geht um die Kreuzestheologie. Elga Sorge hat darüber sehr kritisch geschrieben, Elisabeth Moltmann plant eine Arbeit über eine feministische Interpretation der Theologie des Kreuzes. Für mich selber ist der Ansatz, den R. Radford Ruether und andere verfolgen, vorläufig hilfreicher, nämlich zu versuchen, auf den Jesus

der synoptischen Evangelien und seine Botschaft zurückzugreifen. R. Radford Ruether schreibt:

»*Wenn einmal der Mythos von Jesus als dem Messias und
göttlichen Logos mit den damit verquickten maskulinen Vorstellungen überwunden ist, wird der Jesus der synoptischen
Evangelien wieder als Gestalt, die bemerkenswert vereinbar
mit dem Feminismus ist, deutlich. Damit soll nicht gesagt
werden, quasi in ungeschichtlicher Weise, daß Jesus ein Feminist war, sondern viel eher, daß die Beurteilung religiöser und
sozialer Hierarchien, die für das frühe Jesus-Bild charakteri-
stisch ist, der feministischen Beurteilung auffallend ähnelt.*«[25]

R. Radford Ruether sieht in Jesus die Verwirklichung der
prophetischen Verheißung, daß die Erniedrigten erhoben
werden, daß die bestehende religiöse und soziale Hierarchie
nicht bestätigt, sondern erschüttert und in Frage gestellt wird.
Wenn diese Seite der Person, der Praxis und der Verkündigung von Jesus wieder klar herausgeschält wird, wird der Weg
frei zu einem neuen Verständnis dafür, was mit Befreiung aus
Knechtschaft, Unterdrückung und Gebundenheit sowohl
persönlich als auch sozial gemeint sein könnte. Es wird aber
auch der Weg frei, das Wort Christus wieder gebrauchen zu
können. Dann könnte mit Recht gesagt werden, daß das
Mann-Sein des historischen Jesus letztlich nicht konstitutiv
für unseren Glauben ist, daß aber das, was mit der Aussage,
er sei der Christus, der Gesalbte Gottes, gemeint war,
weiterlebt in nicht herrschaftlicher Form in der Gemeinschaft
derer, die seinem Ruf folgen, in seiner Gemeinde, seiner
Kirche, die durch die Jahrhunderte seine Botschaft weiterge-
tragen hat. Ich möchte hier noch einmal ein paar Sätze von R.
Radford Ruether zitieren, die für mich einen neuen Weg
weisen. An diesen Gedanken möchte ich weiterdenken und
-leben, ich kann sie aber noch nicht selber formulieren,
darum greife ich auf das schon Formulierte zurück:

»*Christus als die erlösende Gestalt und Wort Gottes kann nicht
›ein für allemal‹ in den historischen Jesus eingekapselt werden.*

Die christliche Gemeinde hält Christi Identität aufrecht. Als Weinstock und Reben setzt sich in unseren Schwestern und Brüdern das fort, was christliches Personsein ist. In der Sprache früher christlicher Prophetie können wir Christus in der Gestalt unserer Schwester begegnen. Christus als befreite Menschlichkeit ist nicht auf die unveränderliche Vollkommenheit einer einzigen Person festzulegen, die vor 2000 Jahren gelebt hat. Eher ist es so, daß uns die erlösende Menschlichkeit vorangeht und uns an noch unvollendete Dimensionen menschlicher Befreiung erinnert.«[26]

Es ist mir voll bewußt, daß ich damit ketzerische Gedanken äußere. Ich habe versucht, es vorsichtig zu tun, in der Hoffnung, nicht zu verletzen, sondern dazu zu ermutigen, sich auf einen gemeinsamen Weg der Suche nach einer neuen Sprache und einem neuen Verständnis für zentrale Aussagen des christlichen Glaubens zu machen. Für mich ist das alles im Fluß, und ich hoffe, daß das noch lange so bleibt, nicht nur für mich, sondern in der Bewegung der feministischen Theologie.

Lassen Sie mich zum Schluß noch kurz auf die dritte Person der christlichen Trinität kommen, den Heiligen Geist. Er – oder sie – bietet sich möglicherweise einer feministischen Theologie am leichtesten an. Viele Forscherinnen haben darauf hingewiesen, daß das hebräische Wort für Geist, ruah, weiblichen Geschlechts ist, daß es bei der Übersetzung ins Griechische – pneuma – sächlich wurde und erst im lateinischen spiritus – grammatikalisch – männliches Geschlecht annahm. Ich glaube kaum, daß das nur Sprachspiele sind, wenn darauf aufmerksam gemacht wird. Heute wird gelegentlich versucht (und ich meine zu Recht), eine weibliche Form für Geist zu bilden, in Analogie zu anderen Ableitungen wird das Wort »die Geistin« geprägt. Ich habe mich lange dagegen gewehrt, und es widerstrebt mir auch heute noch. Aber wenn Sprache etwas Lebendiges ist, warum sollen wir nicht neue Wörter bilden? Daß übrigens die Personen der Trinität alle männlich sind, hat schon viele gestört. Jung hat zum Beispiel vorgeschlagen, Maria als vierte Person nicht in die Trinität, sondern in eine Quaternität aufzunehmen. Doch bleiben wir zunächst einmal beim Heiligen Geist/in. Die ruah ist im Alten Testament die Seite des Göttlichen, die Leben gibt. Bei der Schöpfung schwebte die ruah über den Wassern. Sie ist immer bewegt. Sie ist auch der Atem oder die Lebenskraft, etwa im 104. Psalm, wenn es heißt: »Sendest du deine ruah aus, werden sie geschaffen.« Gott schafft also nicht nur durch sein Wort, sondern auch durch die ruah. Von Wind – ruah – ist in der Vision Ezechiels in Kapitel 37 die Rede. Es ist die Kraft, welche die toten, ausgedörrten Gebeine wieder zum Leben bringt. Ruah als prophetischer Geist soll nach der Prophezeiung des Joel auf alle Menschen, Frauen und Männer, fallen:

»*Und nach diesem wird es geschehen, daß ich meinen Geist, meine ruah, ausgieße über alles Fleisch, und eure Söhne und Töchter werden weissagen. Eure Greise werden Träume träumen, eure Jünglinge werden Gesichte sehen. Auch über die Knechte und über die Mägde will ich in jenen Tagen meinen Geist ausgießen*« (Joel 2, 28ff.).

In der Pfingstgeschichte wird gesagt, daß durch das, was dort geschah, diese Verheißung erfüllt wurde. Das heißt also auch, daß der Geist als lebendigmachende Kraft nah verbunden ist mit Jesus. Mit dem Kommen von Jesus ist die alte Verheißung in Erfüllung gegangen, daß Gottes Geist über Frauen und Männer ausgegossen worden ist. Auch hier können wir uns wiederum fragen, wieso diese klare Aussage kirchengeschichtlich so wenig Folgen gehabt hat.

Beim Nachdenken über diese Gabe lebendigmachender Kraft sind Frauen aber auch auf Traditionen gestoßen, die in der Bibel selbst und in gnostischen und apokryphen Texten eine Rolle spielen. Es geht um die Gestalt der Sophia-Weisheit – für mich ein Wort, das ich mehr liebe als »Geistin«. Sie wird im Buch der Sprüche vorgestellt, das heißt, sie stellt sich dort selbst folgendermaßen vor:

Der Herr schuf mich,
seines Waltens Erstling,
als Anfang seiner Werke, vorlängst.
Von Ewigkeit bin ich gebildet,
von Anbeginn
vor dem Anfang der Welt.
Noch ehe die Meere waren,
ward ich geboren,
noch vor den Quellen,
reich an Wasser.
Bevor die Berge eingesenkt wurden,
vor den Hügeln ward ich geboren . . .,
ehe er die Erde gemacht
und die Fluren
und die ersten Schollen des Erdreichs.
Als er den Himmel erbaute,
war ich dabei,
als er das Gewölbe absteckte
über der Urflut,
als er die Wolken droben befestigte
und die Quellen der Urflut
stark machte,
als er dem Meer seine Schranke setzte,
daß die Wasser seinem Befehle
gehorchten,
als er die Grundfesten der Erde legte,
da war ich als Liebling (Werkmeister?)
ihm zur Seite,
war lauter Entzücken Tag für Tag
und spielte vor ihm alle Zeit,
und hatte mein Ergötzen
an den Menschenkindern.   *Sprüche 8, 22 ff.*

Sprache und Stil unterscheiden sich deutlich vom umgebenden Text. Es wäre möglich, und manche Feministinnen haben das schon zu ergründen versucht, daß sich hinter der Sophia Reste einer alten matriarchalen Kultur verstecken. Doch wie dem auch sei, dem Heiligen Geist nachzudenken, Geist als Kraft zum Leben und zur Gemeinschaft (vgl. die Pfingstgeschichte), dem feministisch nachzugehen ist auch eine der vielen Aufgaben, die noch vor uns liegen. Interessante Ansätze solcher Forschung finden sich in dem Buch von Elaine Pagels »Versuchung durch Erkenntnis«[27]. Hier setzt sich eine Frau wissenschaftlich mit gnostischen Texten auseinander, zum großen Teil mit denen, die erst 1945 in Oberägypten gefunden und viel später auf abenteuerliche Weise der Öffentlichkeit zugänglich gemacht wurden. Es zeigt eine Vielfalt oft verwirrender Texte, in denen unter anderem die Weisheit als die weibliche Seite Gottes dargestellt wird, und die Verfasserin reflektiert darüber, warum all diese Texte nicht in den Kanon aufgenommen wurden.

Daß hier noch weitere theologische Arbeit vor uns liegt, das sagt auch Catharina Halkes, die ich hier abschließend gerne zitieren möchte:

»So wenig ich in der pastoralen Theologie einen Nachdruck auf der Pneumatologie gefunden habe, so wenig kommt der Heilige Geist thematisch im Werk feministischer Theologinnen vor. Und doch meine ich, daß es in diese Richtung gehen muß. Der Geist von Christus, der sein Werk unter uns fortsetzt, ist erschienen, als Maria, die Apostel und die Frauen beieinander waren und warteten. Das war die Ecclesia Kirche in ihrer authentischen Gestalt. Betend und empfänglich für den Geist, der sie in Feuer und Flamme setzen und in ihr Leben anfachen wird, wie er es zuvor in Maria getan hat. Da erinnert sich Petrus an die alte Prophezeiung in Joel, daß alle Söhne und Töchter weissagen werden. Es ist erstaunlich, wie oft in den alten Religionen gerade Frauen von Geist erfüllt wurden und als Prophetinnen auftraten. Ich betrachte die feministische Bewegung in ihrem besten Sinn als eine Herausforderung an die Kirche. Sie ist eine Fremdprophetie, die als geistige Bewegung auf die Kirche einwirken kann, um sie in all ihren Ausdrucksformen zu einer Gemeinschaft von Männern und Frauen zu machen.«[28]

Was hier gesagt wird, ist vielleicht wichtiger als die Frage, ob nicht die Sophia eigentlich die dritte Gestalt der Trinität wäre, oder ob sie nicht durch den Logos ersetzt und verdrängt wurde, und doch meine ich, wir sollten auch diesen Aspekt insofern nicht einfach beiseite lassen, als es wichtig wäre, den matriarchalen Spuren in der Bibel nachzugehen, wenn wir als Frauen – als christliche Frauen – auf der Suche nach unseren eigenen Wurzeln sind.

Frau - Natur - Geist

Nachdem wir uns in der letzten Vorlesung mit Gottesbildern auseinandergesetzt haben, möchte ich jetzt auf Bilder zu sprechen kommen, die sich Männer in unserer kirchlichen Tradition von der Frau gemacht haben, und wie das Gegenüber von Mann und Frau, ihre Menschlichkeit und ihre Gottebenbildlichkeit gedeutet werden.

Ich setze mit einer relativ modernen Erklärung ein, nämlich mit der 1948 in Amsterdam bei der Gründung des Ökumenischen Rates der Kirchen ausgesprochenen Feststellung, daß »die Kirche als der Leib Christi aus Männern und Frauen besteht, die als Personen mit eigener Verantwortlichkeit erschaffen wurden, um Gott zu verherrlichen und seinen Willen zu tun«, daß aber »diese theoretisch anerkannte Wahrheit in der Praxis noch allzu häufig außer acht gelassen wurde«. Beide Teile dieses Satzes stammen aus den offiziellen Texten der ersten Vollversammlung[29]. Zweierlei ist bemerkenswert: *Die grundsätzliche Anerkennung einer Gleichstellung von Mann und Frau* (mehr als Gleichberechtigung und auch nicht Gleichheit), und zwar auf Grund dessen, daß beide von Gott geschaffen wurden und daß beide eigenständig Gott gegenüber verantwortlich sind. Die Verantwortlichkeit der Frau ist also nicht aus der des Mannes abzuleiten oder irgendwie auf diese bezogen. Klar ist auch, daß beide Personen sind. Es ist also eine sehr weit gehende Erklärung, aber ich vermute, daß sie in keiner Kirche heute in dieser Form

Anstoß erregen würde. So allgemein, so generell sind wir relativ leicht einig. Bemerkenswert ist darum der zweite Teil des Satzes, »daß aber diese theoretisch anerkannte Wahrheit in der Praxis noch allzu häufig außer acht gelassen wurde«. Das bezog sich im damaligen Kontext auf die konkrete Frage nach der Stellung von Frauen in kirchlichen Diensten und Ämtern und hatte eine erste Umfrage unter den Mitgliedskirchen des ÖRK zur Folge. Meiner Meinung nach ist aber die Stellung der Frau im kirchlichen Dienst erst eine zweite Frage. Die viel tiefer liegende Problematik ist die der Einschätzung der Frau im Zusammenleben von Frauen und Männern, es ist damit auch die Beurteilung und Regelung der Beziehungen von Männern und Frauen und ganz besonders die Frage der Sexualität. Wir können noch Jahrhunderte um das Priesteramt der Frau in allen Kirchen der Welt kämpfen, wenn nicht diese grundlegenden Fragen menschlichen Zusammenlebens sowohl ehrlich mit einbezogen als auch nicht nur aus männlicher Sicht behandelt werden.

Ich habe mir lange überlegt, wie ich hier vorgehen soll. Sollte ich sofort in unserer eigenen Zeit beginnen, wie C. Halkes es in ihrer bemerkenswerten Rede »Frauen – Männer – Menschen«[30] tut? Ich möchte hier einen anderen Weg einschlagen und kurze Blitzlichter auf Lehre und Bilder einiger berühmter Theologen werfen – Augustin, Thomas von Aquin, Martin Luther, Karl Barth – und einige Fragen an sie stellen, möchte ein Stück schmerzlicher Frauengeschichte wenigstens streifen, nämlich die Hexenverbrennungen, und mich mit einer feministischen Auslegung eines biblischen Textes befassen, auf den immer wieder, von den genannten Theologen und von heutigen Frauen, zurückgegriffen wird: 1. Mose 3, und daraus einige persönliche Folgerungen ziehen. Daß das alles in der Zeit, die mir zur Verfügung steht, nur in Andeutungen geschehen kann, muß ich auch hier wieder feststellen, und daß die Auswahl zwar nicht zufällig, aber sicher nicht einfach »objektiv« ist, dürfte auch klar sein.

Ich beginne also mit Augustin, und zwar mit seinen Konfessionen[31], einer für unser Thema außerordentlich aufschlußreichen Schrift, weil sie das Ringen eines Mannes um das, was er unter den Voraussetzungen seiner Zeit als Keuschheit verstand, in oft erschütternder Weise zeigt. Im dritten Buch seiner Bekenntnisse schreibt er über den Beginn seiner Studienzeit in Karthago:

»In meinem Inneren war mir ein Hunger eingepflanzt von dir, meiner innerlichen Speise, meinem Gott, aber diesen Hunger fühlte ich nicht, und es gelüstete mich nicht nach unvergänglicher Nahrung; nicht weil ich von ihr erfüllt gewesen wäre, im Gegenteil, aber um so mehr widerstand sie mir. So war meine Seele krank, und mit Geschwüren bedeckt warf sie sich hinaus auf die Außenwelt, in ihrem Elend begierig, Linderung zu empfangen durch die Berührung der Sinnendinge. Ich konnte nicht lieben, was keine Seele hatte, aber auch den Körper der Geliebten wollte ich besitzen, dann erst war mir ganz süß, zu lieben und geliebt zu werden. So trübte ich die Quelle der Freundschaft durch den Schlamm der Leidenschaft und verdunkelte ihren reinen Glanz durch höllische Begierde. Aber abscheulich und unehrenhaft, wie ich war, trachtete ich dennoch in übermäßiger Eitelkeit danach, für fein und gebildet zu gelten, und so stürzte ich mich hinein in die Liebe, von der ich gefesselt sein wollte...«[32]

Oder im achten Buch:

»Ich aber, höchst elend, wie ich als Jüngling war, und ganz besonders elend gerade beim Beginne der Jugend, ich hatte dich wohl um Keuschheit gebeten, aber ich sprach: Gib mir die Keuschheit und Enthaltsamkeit, nur gib sie mir jetzt noch nicht. Denn ich fürchtete, du könntest mich sogleich erhören und sogleich von der Krankheit meiner Begierden heilen, die ich lieber gesättigt als ausgelöscht haben wollte...«[33]

Die Thematik ist klar: Das sexuelle Begehren, dessen er nicht Herr werden kann, steht für ihn im Gegensatz zu der Erkenntnis Gottes, die er ebenso leidenschaftlich sucht, und auch wenn Augustin sich mit der dualistischen Lehre der

Manichäer kritisch auseinandersetzte und sich ihr nicht anschloß, die die Sexualität als solche als Sünde ablehnten, spürt man doch auch in seinen Bekenntnissen die Trennung von Geist und Natur, die sich durch die ganze Kirchengeschichte bis auf den heutigen Tag so verhängnisvoll ausgewirkt hat. Nicht daß ich Augustin dafür verantwortlich machen möchte, auch hier sind die Zusammenhänge viel komplizierter und vielfältiger. Ich zitiere ihn nur als einen einflußreichen Zeugen, und auch wenn er im ersten zitierten Text sagt, er könne nicht lieben, was keine Seele habe, und wir dahinter bereits den Wunsch nach ganzheitlichem Erleben vermuten könnten, wird diese Illusion sofort zerstört, wenn er sein Verlangen, auch den Körper der Geliebten zu besitzen, selber als Verdunkelung und höllische Begierde bezeichnet.

Doch werfen wir noch einen Blick darauf, wie Augustin auf diesem Hintergrund mit der Frau umging, die er eigentlich heiraten wollte – zu seiner Zeit hätte die Möglichkeit bestanden, die sonst verwerfliche sexuelle Leidenschaft in der Ehe zu heiligen und zu bezähmen. Er schreibt im sechsten Buch der Konfessionen:

»Mittlerweile häuften sich meine Sünden. Weil sie der beabsichtigten ehelichen Verbindung im Wege stand, war die von meiner Seite gerissen worden, mit der ich mein Lager zu teilen pflegte; aber da mein Herz an ihr hing, so war es schmerzlich verwundet und blutete. Sie war (sc. von Rom) nach Afrika zurückgekehrt und hatte dir gelobt, keinem anderen Mann mehr gehören zu wollen. Den natürlichen Sohn, den ich von ihr hatte, ließ sie zurück. Ich Unglücklicher aber vermochte nicht einmal dem Beispiel dieses Weibes zu folgen; der Aufschub dauerte mir zu lange, wonach ich die Verlobte erst nach zwei Jahren heimführen sollte, und weil ich nicht so sehr ein Freund des Ehebunds als vielmehr ein Knecht meiner Leidenschaft war, nahm ich eine andere, ohne sie zur Gattin zu nehmen...«[34]

Die genauen Umstände der Trennung sind nicht bekannt, aber ich meine, daß die Geschichte für sich spricht, vor allem auch die Tatsache, daß der Name dieser Frau in den »Confessiones« nicht ein einziges Mal genannt wird. Er »nahm« die eine und dann die andere. Was aus dieser Frau wurde, kümmerte ihn offenbar ebensowenig wie das Schicksal der nächsten, die er nahm. Der Sohn wurde Adeodatus genannt. Eine merkwürdige Mischung von Hochachtung und Verachtung spricht aus den Sätzen, daß er selbst »nicht einmal« dem Beispiel dieses Weibes folgen konnte, die ihrerseits Gott gelobte, keinem anderen Mann mehr gehören zu wollen.

Wie Augustin sich das Gott wohlgefällige Leben vorstellte, schildert er noch vor seiner endgültigen Bekehrung so:

»Mir trat die Enthaltsamkeit entgegen in keuscher Würde, heiter ohne ausgelassene Fröhlichkeit. Freundlich lud sie mich ein, daß ich ohne Zaudern kommen möge. Um mich aufzunehmen und willkommen zu heißen, streckte sie mir die frommen Hände entgegen, die angefüllt waren mit einer Menge von guten Beispielen. Da waren in großer Zahl Jünglinge und Jungfrauen, da mit der reichlich vertretenen Jugend jegliches Alter, ernste Witwen und zu Jahren gekommene Jungfrauen. Sie ließen die Enthaltsamkeit keineswegs unfruchtbar erscheinen, sondern als eine kinderreiche Mutter, mit Freuden beglückt von dir, Herr, ihrem Bräutigam...«[35]

Die Bilder sind verräterisch, und die Sprache ist es auch: Jungfrauen, Witwen und die Enthaltsamkeit als geistige kinderreiche Mutter. Freude, Lust, ausgelassene Fröhlichkeit sind verpönt, über ernste Heiterkeit und Würde geht es nicht hinaus. Dazu paßt – als letztes – ein Zitat aus einer anderen Schrift von Augustin:

»Wir dürfen die Ehe nicht verdammen wegen des Übels der Lust, und wir dürfen die Lust nicht preisen wegen des Guts der Ehe.«[36]

Als Frau muß ich bei solchen Äußerungen an die unzähligen Frauen denken, nach deren Gefühlen niemand fragte, die um der männlichen Begierde willen oft viel zu viele Kinder gebären mußten (und müssen), die genommen und weggeschickt oder -geworfen wurden. Ich möchte noch einmal sagen: Das alles laste ich nicht einfach Augustin an, sein Ringen um einen lebendigen Glauben, sein Ringen um Gott beeindrucken mich. Aber es macht mir Mühe, daß auch durch ihn Sünde so stark mit Sexualität gekoppelt wurde, was nach meiner tiefsten Überzeugung unbiblisch ist, und es macht mir auch Mühe, daß dann, wenn Männer Sünde mit Sexualität koppeln, ausgesprochen oder unausgesprochen immer die Frau – sei sie nun Verführerin oder einfach Mittel zum Zweck, zum Abreagieren oder zur Produktion von Nachkommen – abgewertet wird.

Doch machen wir einen großen Sprung vom 4./5. ins 13. Jahrhundert. Es war die Zeit der Minnesänger, welche die hohe Frau, die Dame, die für sie oft unerreichbare, in wunderbaren Liedern besangen, und es war die Zeit der Scholastik. Thomas von Aquin hat sich ausführlich mit dem Wesen von Mann und Frau befaßt. Eine engagierte Katholikin, Gertrud Heinzelmann, hat sich in ihrer Eingabe ans Zweite Vatikanische Konzil ausführlich mit den widersprüchlichen und für heutige Menschen außerordentlich gesucht und oft abstrus wirkenden Ausführungen dieses großen Kirchenlehrers zu diesem Thema befaßt[37]. Auf alle Fälle kam er – und das scheint mir für unser Thema wichtig – zu einer Abwertung der Frau gegenüber dem Mann. Viel zitiert ist seine Aussage, daß die Erzeugung einer Frau eigentlich ein Fehler sei, sie sei ein unvollkommener Mann, und ihre einzige Bestimmung sei, daß sie der Fortpflanzung dient. Sie ist dabei der Stoff, der Mann gibt als der aktive Teil die Form.

»Die Mutter bietet den formlosen Stoff bei der Zeugung, derselbe erhält seine Form, wodurch er ein Sein wird, von der formenden Kraft im Samen des Vaters. Und obgleich eine solche Kraft die vernünftige Seele nicht erschaffen kann, sie bereitet aber den Stoff vor zur Aufnahme einer derartigen Wesensform.«

Selbst für Thomas von Aquin ist allerdings klar, daß der Frau die vernünftige, von Gott erschaffene Seele nicht abgesprochen werden kann, darum sind ja Frauen immer getauft worden. Ebenfalls klar ist, daß naturwissenschaftliche Kenntnisse über die Rolle der Eizelle der Frau, die zu dieser Zeit fehlten, manche Urteile des großen Kirchenlehrers bestimmten. Aber wenn man seine Formulierungen durchliest, wird doch der Eindruck immer stärker: Ein ungeheuer gescheiter, eheloser Mann sucht alle natürlichen und biblischen Gründe zusammen, um die in der Kirche bestehende Unterordnung der Frau zu rechtfertigen und einsichtig zu machen. Vermutlich haben seine schwer zugänglichen Gedanken die Laien schon damals kaum erreicht, aber die aus ihnen sprechende Abwertung der Frau und der Geschlechtlichkeit, die Deutung der Ehe als Heilsmittel, wobei jeder Aspekt einer Beziehung zwischen den Ehepartnern wegfiel, das Lob der Jungfräulichkeit als des höchsten Standes, die klare Verurteilung aller geschlechtlichen Sünden haben sich zweifellos über die Jahrhunderte hinweg auf die Haltung von Männern und Frauen ausgewirkt.

Ein interessantes Faktum, das auch etwas über die Haltung des Mannes zur Frau aussagt, ist die halbherzige Billigung der Prostitution sowohl bei Augustin als auch bei Thomas. Interessant ist die Argumentation: Die Prostitution sei so etwas wie der Schmutz im Meer oder die Kanalisation in einem Palast. Wenn man diese entferne, werde der Palast mit Schmutz erfüllt. Thomas argumentiert wörtlich so:

»Die menschliche Herrschaft ist aus der göttlichen Herrschaft abgeleitet und sollte sie nachahmen. Nun läßt Gott, obwohl er allmächtig und die höchste Güte ist, zu, daß im Universum gewisse Übel, die er verhindern könnte, stattfinden, damit nicht ohne sie größeres Gutes verwirkt wird oder größeres Übel entstehen. Dementsprechend tun in der menschlichen Herrschaft die Regierenden recht daran, gewisse Übel zu dulden, damit nicht gewisse gute Dinge verlorengehen oder gewisse größere Übel eintreten... Entferne die Prostituierten aus der Welt und du wirst sie mit Sodomie erfüllen. Weshalb Augustin sagt, in Buch XIII von De Civitate Dei, daß die irdische Stadt *die Benutzung von Huren zu einer rechtmäßigen Unmoral (Licitam turpitudinem) gemacht hat.«*[38]

Das höhere Gut, das geschützt werden soll, ist die Ehe und auch die Tugend und Reinheit der »anständigen« Frauen. Was mit den Prostituierten geschah, beunruhigte diese Theologen offenbar überhaupt nicht. Der zwar verachtete, aber als natürlich gegeben betrachtete unbezähmbare Trieb des Mannes rechtfertigte ihre Existenz. Die Linien bis in unsere Zeit auszuziehen dürfte nicht allzu schwierig sein, wenn etwa das Schicksal all jener Frauen besonders aus Südostasien ins Blickfeld kommt, die entweder in ihrer Heimat im Sex-Tourismus mißbraucht oder in die Industrieländer importiert werden. Heute wird es allerdings kaum Theologen geben, die das offen rechtfertigen.

Nun könnte man meinen, daß die Abwertung der Frau in der Reformationszeit durch die Abschaffung des Zölibats in den Kirchen, welche die neue Lehre übernahmen, überwunden worden sei. Aber dem war nicht so, auch wenn sich zweifellos durch die Tatsache ehelicher Gemeinschaft und das Mittragen der Ehefrauen in den Auseinandersetzungen um die neue Lehre in der Praxis manches geändert hat. Wie stark aber die Unterordnung der Frau unter den Mann und ihre Fixierung auf die Mutterschaft erhalten blieben, mögen einige Stellen aus einer Predigt und aus dem Genesis-Kommentar Martin Luthers zeigen. Es war für ihn selbstverständlich, daß eine Frau so viele Kinder wie möglich hatte. Dabei werden diese Kinder sowohl als Segen Gottes gewertet als auch das Leiden der Frau bei Schwangerschaft und Geburt als gerechte Strafe betrachtet für Evas Fall. Nimmt die Frau diese Leiden im Glauben auf sich, dann vollbringt sie dadurch Gottes Werk, wie es gerade ihr zugedacht ist. Als Beleg einige Sätze aus einer Predigt Luthers aus dem Jahre 1525:

»Darum soll man die Weiber in Kindesnöthen vermahnen, daß sie ihren möglichen Fleiß allda beweisen, das ist, ihre höchste Kraft und Macht daran stecken, daß das Kind genese, ob sie gleich darüber sterben ... Also sollte man auch ein Weib

trösten und stärken in Kindesnöthen . . .: Liebe Frau, gedenkt, daß ihr ein Weib seid, und dies Werk Gott an euch gefället; tröstet euch seines Willens fröhlich, und laßt ihm sein Recht an euch; gebet das Kind her, und thut dazu mit aller Macht; sterbt ihr darüber, so fahret hin in Gottes Namen; wohl euch, denn ihr sterbet eigentlich im edlen Werk und Gehorsam Gottes. Ja, wenn du, liebe Frau, nicht ein Weib wärest, so solltest du jetzt allein um dieses Werks willen wünschen, daß du ein Weib wärest, und so köstlich in Gottes Werk und Willen Noth leiden und sterben; denn hier ist Gottes Wort, das dich also geschaffen, solche Noth in dir gepflanzet hat . . .«

Das konkrete Bibelwort, auf das hier (und anderswo) Bezug genommen wird, ist 1. Timotheus 2, 11–15: »*Eine Frau lerne still in aller Unterordnung; zu lehren aber gestatte ich einer Frau nicht, auch nicht, sich über den Mann zu erheben, sondern (ich gebiete ihr), sich still zu verhalten. Denn Adam wurde zuerst geschaffen, darnach Eva. Und Adam wurde nicht verführt, das Weib vielmehr wurde verführt und ist in Übertretung geraten. Sie wird aber gerettet werden durch das Kindergebären, wenn sie in Glauben und Liebe und Heiligung mit Sittsamkeit verbleiben.*« Dieses deuteropaulinische Wort legte Luther in einem wahrhaft männlichen Zuspruch an eine Frau aus.

Ebenso selbstverständlich war es für ihn, daß die Frau sich dem Mann unterordnen mußte, und diese Unterordnung wird entweder mit dem Fluchwort über die Frau – 1. Mose 3, 16 – begründet oder aus ihrem Geschaffensein abgeleitet. Dazu wieder ein paar Sätze aus derselben Predigt Luthers:

»*Zum anderen, so soll des Weibes Wille, wie Gott sagt 1. Mose 3, 16 dem Manne unterworfen sein, und der soll ihr Herr sein; das ist, daß das Weib soll nicht ihres freien Willens leben, wie denn geschehen wäre, so Eva nicht gesündigt, so hätte sie mit Adam, dem Manne, zugleich regieret und geherrschet, als sein Mitgehülfe. Jetzt aber, nun sie gesündigt und den Mann verführet, hat sie das Regiment verloren und muß ohne den Mann nichts anfangen oder thun; wo der ist, muß sie mit, und sich vor ihm dücken, als vor ihrem Herrn, den sie soll fürchten, unterthan und gehorsam sein ...«*

Ableitbar aus all dem war denn auch, daß die Frau das Hauswesen besorgte. In Luthers Auslegung des ersten Mosebuches aus den Jahren 1536–1545 heißt es dazu:

»Darum bleibet das Regiment und die Herrschaft bei dem Mann, dem das Weib aus Gottes Gebot muß gehorsam und unterthan sein: der regieret das Haus und Polizei, krieget, säet, bauet, pflanzet usw. Dagegen muß ein Weib daheim sitzen und an das Haus gebunden sein; wie es Paulus Tit. 2, 5 darum häuslich nennt. Und haben die Heiden Venerem also gemalet, daß sie steht auf einer Schnecke, gleichwie dieselbe ihr Haus mit sich träget, also soll das Weib stets daheim sein, und der Hausgeschäfte warten, als die der gemeinen Ämter und Regierung der Dinge, die draußen und öffentlich sein, beraubet, allein bei den häuslichen Ämtern bleiben muß.«

Schon zu Luthers Zeit begehrten Frauen offenbar dagegen auf, er bemerkt im gleichen Kommentar mit Mißfallen, daß die Weiber »übel zufrieden und ungeduldig« seien »und streben von Natur nach dem, was sie durch die Sünde verloren haben«. Es gab also auch schon damals eine Frauenbewegung.

Vergleicht man nun diese Texte mit denen von Augustin und Thomas, so spürt man ihnen eine größere Nähe zur Realität an. Verschwunden ist hier auch die Auseinandersetzung mit der Begierde an und für sich, die offenbar in der Ehe mit gutem Gewissen ausgelebt wurde. Für die Frau aber hat sich wohl nicht allzuviel geändert. Es ist selbstverständlich, daß sie die Folgen zu tragen hat, und es geschieht ihr recht, wenn sie die Schmerzen vieler Geburten zu erleiden hat. Sie erfüllt ja damit Gottes Willen. In einer späteren Zeit hat auch ein frommer Protestant, Graf Zinzendorf, der Gründer der Brüdergemeine, seine Frau mit dem Hinweis getröstet, sie solle nicht über den Tod der von ihr geborenen Kinder traurig sein, denn diese seien ja bei dem Herrn.

Geblieben ist bei Luther die klare Unterordnung der Frau und die nach Gottes Wort geordnete Arbeitsteilung zwischen Mann und Frau, und bestimmt wird das alles vom Mann – wie auch heute noch Männer darüber entscheiden wollen und entscheiden, ob eine Frau ein Kind austragen kann und will oder nicht.

Als letzten Mann in dieser Reihe möchte ich noch Karl Barth zu Wort kommen lassen, der in seiner Kirchlichen Dogmatik sowohl in der Anthropologie als auch in der Ethik auf sehr interessante und überraschende Weise zum Gegenüber von Mann und Frau Stellung nimmt und dieses aus 1. Mose 1 und 2 und dem Hohenlied ableitet, mit Rückgriff auf den Bund Gottes mit Israel und die Stellen aus den paulinischen Briefen, wo vom Haupt-Sein des Mannes, aber auch vom gegenseitigen Aufeinander-gewiesen-Sein von Mann und Frau die Rede ist, sowie auf Epheser 5, 21 ff., wo ebenfalls die Beziehung Mann/Frau im Licht der Beziehung von Christus und seiner Gemeinde gesehen wird. Ich kann mich hier nur auf wenige Grundgedanken beziehen und bin mir bewußt, daß ich damit dem Werk von Karl Barth nicht gerecht werde. Hinzufügen möchte ich noch, daß ich wesentliche Hinweise einer leider nicht veröffentlichten Studie einer jungen Frau über diesen Teil von Karl Barths Anthropologie verdanke. Leider gehört das hier nicht wiederzugebende Schicksal dieser Arbeit auch zu den in diesem Buch behandelten Fakten. »Frauen bleiben unsichtbar.«

Doch nun zu Karl Barth. Er geht ohne alle textkritischen Überlegungen den beiden Schöpfungsberichten nach. In der Erschaffung des Menschen zum Abbild Gottes (1. Mose 1, 27) sieht er die Kulmination dieses Berichtes. Sie wird eingeleitet durch den ins Auge fallenden Satz: »Und Gott sprach: Lasset uns Menschen machen nach unserem Bilde.« Keiner der früheren Schöpfungsvorgänge wird so ausdrücklich und so feierlich eingeleitet. Offensichtlich soll hier auf etwas Besonderes, von der vorher erzählten Erschaffung des Kosmos und der Pflanzen- und Tierwelt Verschiedenes hingewiesen werden. Doch Barth sieht darin noch mehr. Der Plural

»lasset uns« ist nach seiner Auffassung nicht einfach eine feierliche Einleitung und auch kein pluralis majestatis, den es nach seiner Meinung (was ich nicht kontrollieren kann) im Alten Testament nicht gibt, sondern Barth deutet diesen Plural als ein innergöttliches Selbstgespräch.

»In Gottes eigenem Wesen und Bereich findet ein Gegenüber statt: ein reales, aber einmütiges Sichbegegnen und Sichfinden, ein freies Zusammensein und Zusammenwirken, ein offenes Gegeneinander und Füreinander.«[39]

Für Barth ist der Gedanke wichtig und grundlegend, daß Gott selbst in sich selbst nicht einsam ist, und indem er den Menschen erschafft, als sein Abbild (»unser« Abbild), schafft er ihn sich selbst zum Gegenüber, aber auch diesen Menschen schafft er im Gegenüber von Ich und Du. Nochmals kurz Barth selber:

»So ist das tertium comparationis, die Analogie zwischen Gott und Mensch sehr schlicht die Existenz im Gegenüber von Ich und Du. Sie ist zuerst für Gott konstitutiv; sie ist es dann auch für den von Gott geschaffenen Menschen.«[40]

Ich kann und will mich hier nicht auf die Diskussion über die Berechtigung und theologische Begründung dieser Darstellung einlassen, ich will nur einen Gedankengang schildern, der übrigens eine ganze Generation von Theologen stark beeinflußt hat.

Der nächste Schritt folgt wieder dem Schöpfungsbericht, der sagt: »Als Mann und Frau schuf er sie.« Dies ist also, wenn wir Barth folgen, das allem zugrundeliegende menschliche Gegenüber. Rassen, Völker usw. werden in 1. Mose 1 nicht genannt, sondern eben nur dieses Gegenüber von Mann und Frau:

»Der Mensch ist so wenig einsam wie Gott. Aber wie Gott Einer und wie er allein Gott ist, so ist der Mensch als Mensch Einer und allein, zwei nur in der Zweiheit von seinesgleichen, in der Zweiheit von Mann und Frau. So ist er Gottes Abbild

und Nachbild. So wiederholt er in seinem Gegenüber zu Gott und in seinem Gegenüber zu seinesgleichen das Gegenüber, das in Gott selber ist.«[41]

Diese Menschen werden gemeinsam unter den Segen Gottes gestellt und zur Herrschaft über die übrige Schöpfung und zur Fortpflanzung des Menschengeschlechts bestimmt. Dieser Auftrag Gottes soll im Leben der Menschen und Gottes Ordnung entsprechend vollzogen werden. Dabei wird es sich zeigen, daß dieser Mensch nicht nur zum Abbild Gottes geschaffen ist, sondern immer auch nach diesem ausblicken muß, es wird sich zeigen, daß auch der »Zwischenfall« des Sündenfalls Gottes Segen nicht zunichte machen kann.

»Es wird offenbar werden, daß der Mensch Grund hat, nach dem Menschen auszublicken, der anders als er selbst, aber gerade darum als der wirkliche Mensch für ihn, an seiner Stelle und ihm zugut im Urbild und nach dem Vorbild Gottes Mann und Frau sein wird: Jesus Christus und seine Gemeinde. Es wird die Bundesgeschichte, deren Anfang, Mitte und Ende dieser Mensch, dieser Mann und diese Frau sein werden, die Bestätigung der Schöpfungsgeschichte bringen...«[42]

Barth bleibt nun aber nicht beim ersten Schöpfungsbericht stehen, was viele von uns Frauen gerne tun würden, sondern er wendet sich ebenso liebevoll 1. Mose 2 zu, wo bekanntlich die Erschaffung der Frau aus der Rippe des vor ihr erschaffenen Adam dargestellt wird. Barths Gedankengänge sind auch hier sehr interessant. Die Krönung des Textes ist für ihn der Ausruf des Mannes, als die Frau vor ihm steht: »Diese nun endlich!« Vorausgegangen ist ja die Parade aller Tiere vor dem noch einsamen Menschen (Mann?). Er darf sie benennen, aber in keinem kann er ein Gegenüber erkennen, das ihm entspricht. Darum läßt Gott ihn in einen Tiefschlaf fallen, nimmt ihm eine Rippe, schließt die Wunde und »baut ein Weib aus der Rippe«. Der Tiefschlaf zeigt, daß Adam nicht beteiligt ist an der Erschaffung der Frau. Barth sagt auch, daß Gott ihm eine Wunde zugefügt hat – es fehlt ihm fortan etwas – (also ist er doch mit einem Stück seiner selbst, aber nicht aktiv beteiligt), und als die Frau vor ihm steht, erkennt er sofort: Das ist sie – »Diese nun endlich«, »Fleisch von meinem Fleisch und Bein von meinem Gebein«. Er gibt ihr den Namen Ischa, Männin, was im Deutschen unmöglich klingt, im Hebräischen aber nicht. Gemeint ist die tiefe Zusammengehörigtkeit. Das Wort Hilfe (»Gehilfin«, wie es oft irrtümlicherweise übersetzt worden ist) umschreibt Barth mit dem Wort »Hilfe, die ihm ein Gegenüber sei«. Man erkennt in dieser Formulierung unschwer die Gedankengänge zu 1. Mose 1. Außerdem wird noch gesagt, daß Gott sie dem Mann zuführte. Aus Gottes Hand nimmt er das Gegenüber an. Indem er es bejaht, bejaht er die Vollendung seiner eigenen Erschaffung, hatte es doch vorher geheißen: Es ist nicht gut, daß der Mensch allein sei.

In den folgenden Ausführungen über die Gemeinsamkeit von Mann und Frau setzt Barth sich damit auseinander, was diese Zusammengehörigkeit nun für Mann und Frau bedeutet. Dazu einige Formulierungen von ihm selbst:

»Die Namengebung, von der die Sage meldet, sagt eben dies, daß die Frau des Mannes Frau ist. Das heißt natürlich nicht, daß sie selbst eigentlich männlich ist. Es heißt auch nicht, daß sie des Mannes Eigentum ist. Es heißt auch nicht, daß sie nicht im gleichen Vollsinn wie er Mensch sei. Es heißt aber allerdings, daß sie in ihrem Wesen und in ihrer Existenz zu ihm gehört, ihm zur Hilfe bestimmt und nun eben in ihrer Selbständigkeit und ihrer unbeschadet der verlorene und wiedergefundene Teil seiner selbst ist: ›Von ihm genommen‹. Das ist eben ihr eigenes Wesen, neben ihm zu sein.«[43]

Barth hält fest, daß diese Beziehung nicht reziprok, nicht umkehrbar ist. Er hält auch an der Suprematie des Mannes fest, aber diese ist

»eine Sache der Ordnung und nicht eine Sache des Wertes, der Würde, der Ehre. Auch sie bezeichnet keine höhere Menschlichkeit des Mannes. Auch ihre Anerkennung kann der Frau

keine Schande bereiten, bedeutet vielmehr die Anerkennung ihrer Herrlichkeit, die in bestimmter, entscheidender Hinsicht sogar größer ist als die des Mannes. Wieder wäre zu sagen: Wer die Frau nicht in diesem Verhältnis zum Mann kennt, der kennt sie von unserem Text her gesehen überhaupt nicht, und es dürfte eine ganze Flut von Männergedanken, aber auch von Frauengedanken über die Frau an ihrer Wirklichkeit darum völlig vorübergehen, weil sie gerade dieses Moment nicht oder nicht recht in Rechnung ziehen.«[44]

Spätestens hier wird die Argumentation für mich schwierig, und sie wird noch schwieriger, wenn die Frau als Erwählte des Mannes bezeichnet wird, die Sprache gleicht verräterisch der landläufigen Auffassung, daß der Mann wählt und die Frau die »Erwählte« ist. Noch schwieriger wird es, wenn Barth im nächsten Band seiner Dogmatik das Stärkersein des Mannes und das Schwächersein der Frau übernimmt und es doch irgendwie zu dem oben Gesagten in Beziehung setzt, und wenn er sagt:

»Das ist sicher: es ist die Frau dem Mann, der Mann der Frau in eminentem Sinn der andere Mensch, der Mit-Mensch, den zu sehen und von dem gesehen zu werden, zu dem zu reden und den zu hören, dessen Beistand zu erfahren und dem Beistand zu leisten höchstes menschliches Bedürfnis, aber auch höchstes menschliches Problem, aber auch höchste menschliche Erfüllung bedeuten muß: so, daß alles, was auch zwischen Mann und Mann, Frau und Frau sich ereignen mag, nur wie ein Vorspiel oder wie eine Begleitung erscheint zu dieser, der eigentlichen Begegnung zwischen Mensch und Mitmensch, zu diesem eigentlichen Sein in der Mitmenschlichkeit.«[45]

Andernorts sagt er, daß dies sich in der Liebe und Ehe von Mann und Frau in der Weise erfüllt, die dem von Gott Gemeinten am besten entspricht.

Hier möchte ich eine persönliche Bemerkung anfügen. Ich bin zwar nie Barthianerin gewesen, aber ich habe mich mit diesem Teil von Barths Dogmatik intensiv auseinandergesetzt, als ich studierte und später. Ich erinnere mich noch lebhaft an die große Erleichterung, die ich empfand, als ich zum erstenmal Barths Formulierung »Diese nun endlich« las, und auch das unaufhebbare Gegenüber von Mann und Frau und die »Hilfe, die ihm ein Gegenüber sei« habe ich jahrelang übernommen, auch als ledige Frau. Barth relativiert übrigens an anderer Stelle die Deutung allein auf die Ehe. Für manche Frauen meiner Generation waren diese Formulierungen, zusammen mit denen von damals führenden Alttestamentlern wie Gerhard von Rad und Walter Zimmerli, erste Ansätze zu einem – wie wir es erlebten – anderen Nachdenken über Mann und Frau, ein Ernstnehmen der Partnerschaft, auf die hin wir nicht nur im Blick auf Ehe, sondern auch in Arbeitsbeziehungen usw. arbeiteten und hofften. Ich möchte diese Erfahrungen nicht missen, sie wurden mir sehr lebendig, als ich diesen Texten wieder nachging. Und doch habe ich heute andere Fragen: Kommen wir als reale Frauen hier wirklich vor? Sind nicht auch diese so partnerschaftlich klingenden Aussagen Wunschbilder eines Mannes, der sich ein wunderbar in sich stimmendes System aufbaute, in dem »die Frau« ein Bausteinchen war? Zwar wissen wir von Karl Barth, daß er gerade diese Gedanken gemeinsam mit einer Frau gedacht hat – nicht in erster Linie mit seiner Ehefrau, sondern mit seiner Mitarbeiterin Charlotte von Kirschbaum. Aber war sie eben vielleicht »Hilfe im Gegenüber«, einem Gegenüber, das trotz aller Öffentlichkeit doch immer wieder im dunkeln blieb? Letztlich auch wieder eine unsichtbare Frau.

Ich habe Ihnen Skizzen von Frauenbildern bedeutender Theologen hier vorgestellt. Sie sind sehr verschieden, und doch ist eines gleich: Es sind Männer, im Patriarchat lebende Männer, die sich diese Bilder machen, sie alle sehen sich in einer überlegenen Position, sie alle sind davon überzeugt, daß diese Position von Gott gewollt ist, sie alle greifen zu ihrer Begründung auf die Schöpfungsgeschichten oder -sagen zurück, und sie alle verraten mindestens in ihrer Sprache, daß ihre tatsächliche Stellung in der Kirche und Gesellschaft ihrer Zeit – ihre Erfahrung als Männer im Patriarchat – diese Bilder geprägt hat. Müssen wir Frauen, wenn wir dies feststellen, das alles immer noch als Gottes Ordnung akzeptieren?

Wir sind vorhin zum Schluß gekommen, daß alle diese Modelle des Gegenübers, der Zusammengehörigkeit, der Zuordnung der Frau zum Mann eine Form von Unterordnung oder Zweitrangigkeit der Frau oder bestenfalls eine Ergänzung des Mannes durch die Frau (was ja auch eine Form der Zweitrangigkeit ist – er ist da, sie wird ihm »zugeordnet«) darstellten. Es waren alles *duale Modelle*, die Zweisamkeit von Mann und Frau wurde als das Grundmodell menschlichen Miteinanders, menschlicher Beziehung verstanden. Wie C. Halkes in dem schon einmal zitierten Artikel »Frauen – Männer – Menschen« sagt, gehören »duale Modelle in eine hierarchische Gesellschaft, in der eine Oberschicht mächtiger Männer das Sagen hat«. Sie ist der Meinung – und ich möchte mich dieser anschließen –, daß diese dualen Modelle im Grunde genommen dem nicht entsprechen, was Jesus selber gewollt und gelebt hat. Er, das wahre Abbild Gottes, rief Männer und Frauen in seinen Dienst, nicht paarweise, sondern als Personen, und seine Gemeinde gründete nicht auf Ehe und Familie, sondern war eine völlig anders geartete Gemeinschaft eigenen Charakters. Auf diesen Gedanken möchte ich später noch einmal zurückkommen.

Gehen wir zunächst den dualen Modellen noch etwas tiefer nach. Der als schöpfungsgemäß gegebene, allerdings durch den Sündenfall verdorbene, aber keineswegs aufgegebene Dualismus von Mann und Frau hat in der Geschichte der Kirche auch dazu geführt, daß der Mann mit dem Geist, die Frau mit der Natur oder mit dem Fleisch gleichgesetzt wurden. Damit lag die weitere Verkehrung nah, daß die Frau für den Mann das Böse verkörperte. Denken Sie an das, was ich Ihnen über das Ringen Augustins mit der bösen Lust und den daraus sich ergebenden Umgang mit Frauen sagte. Diese Identifizierung der Frau mit dem Bösen wird durch Deutungen von 1. Mose 3, der Geschichte des sogenannten Sündenfalls, unterstützt. Wir haben in den Texten von Martin Luther ja auch bereits einen Vorgeschmack davon gehabt. R. Radford Ruether betont wohl zu Recht, daß 1. Mose 3 im Rahmen des Alten Testaments und dann auch in der jüdischen Tradition überhaupt nicht diese große Rolle spielt, die es in der christlichen Tradition erfahren hat. Ausgerechnet in unserer christlichen Tradition ist diese Geschichte oder Sage immer wieder so gedeutet worden, daß die Frau als Verführerin gesehen, diese Verführung dann »natürlich« sexuell gedeutet und ihr die Schuld am Sündenfall zugeschoben wurde. Das wiederum hatte die verhängnisvolle Folge, daß der Sündenfall als solcher in den Bannkreis der Sexualität geriet. Dabei geht es in der Erzählung ja um den Zugang zum Baum der Erkenntnis. Sicher haben ganzheitliche Erkenntnis und Geschlechtlichkeit etwas miteinander zu tun – das behauptet gerade die feministische Theologie –, aber so wurde es im Rahmen des »dualen Modells« in unserer Tradition ja gerade nicht verstanden. Sondern dort setzte sich mit der Festschreibung der Rolle der Frau als Verführerin eine gefährliche Spaltung von Geist und Leib durch. Ansätze zu dieser Festschreibung finden sich schon im Neuen Testament, am deutlichsten im deuteropaulinischen 1. Timotheusbrief, wo das Lehrverbot für die Frau so begründet wird: »Denn Adam wurde zuerst geschaffen, darnach Eva. Und Adam wurde nicht verführt, das Weib vielmehr wurde verführt und ist in Übertretung geraten...« (1. Timotheus 2, 13ff.). Dieser Text stammt sicher nicht von Paulus selbst, denn wo er sich mit dem Sündenfall beschäftigt, in Römer 5, spricht er von Adam als Urbild des Menschen, und es geht dort klar nicht um Geschlecht oder Geschlechtlichkeit. Es ist nicht Adam der Mann, sondern Adam der Mensch. Leider hat – wie so oft in der Kirchengeschichte – der die Frau diskriminierende Text in der Tradition ein viel stärkeres Gewicht erhalten. Die schärfste und bekannteste Aussage dieser Art stammt vom Kirchenvater Tertullian:

»Du bist es, die dem Teufel Eingang verschafft hat, du hast das Siegel jenes Baumes gebrochen, du hast zuerst das göttliche Gesetz im Stich gelassen, du bist es auch, die denjenigen betört

hat, dem der Teufel nicht zu nahen vermochte. So leicht hast du den Mann, das Ebenbild Gottes, zu Boden geworfen. Wegen deiner Schuld, d. h. um des Todes willen, mußte auch der Sohn Gottes sterben.«[46]

Wir können leicht sagen, daß das heute niemand mehr im Ernst für wahr halten wird, und das stimmt vermutlich auch, nur steht hinter solchen Formulierungen eine Realität, nämlich die auch heute noch vorhandene Verachtung der Frau durch Männer, eine Verachtung bis hin zur Gewalt, zur Vergewaltigung, der körperlichen und der seelischen und geistigen. Letztlich geht es auch um eine Nicht-Integration der Sexualität mit all ihren Facetten, und an dieser ist die Kirche im höchsten Maß mitschuldig. Wenn ich hier mehr über Männer als über Frauen rede, dann darum, weil ich tatsächlich glaube, daß sie hier größere Probleme haben, aber vor allem deswegen, weil sie immer noch »das Sagen« haben und sich ihre Haltung – gerade auch in der Kirche – besonders verhängnisvoll auswirkt – für sie selbst und für uns Frauen. Die Projektion männlicher Ängste und männlicher Wünsche auf die Frau spielt wegen der verschiedenen Positionen oder, anders gesagt, in einer hierarchischen Gesellschaft eine verhängnisvolle Rolle, ist aber auch ein Aufruf an Frauen und Männer gerade in der Kirche, sich der Aufarbeitung von lange Vernachlässigtem und Tabuisiertem zu stellen.

Im Zusammenhang mit diesem Thema ist mir kürzlich die Autobiographie von Hannah Tillich »From time to time« wieder in die Hand gekommen. Sie war die Frau des großen Theologen Paul Tillich. Sie schildert ihr Leben mit ihm, allerdings auch mit anderen Männern, und sein Leben mit ihr, allerdings auch mit anderen Frauen. Besonders erschüttert hat mich dabei, daß der große Theologe sich in seinen Mußestunden mit Pornographie beschäftigte, nicht zu Studienzwecken, sondern für sich selbst, und zwar auf eine Art, wie es sonst eigentlich Pubertierende tun: die pornographischen Bilder schön mit einem »anständigen« Buch bedeckt, das sie vor den Blicken anderer verbarg. Was für Abgründe klaffen da zwi-

schen der offiziellen, in Büchern festgehaltenen Theologie und
der täglichen und nächtlichen Existenz! Ich meine das nicht
moralisch, ich entrüste mich nicht moralisch, ich stehe nur
fassungslos vor der Nicht-Integration auch der dunklen Seite
im Leben eines so bedeutenden Theologen. Seine Frau nennt
ihn in ihrem Buch einmal »König Midas des Geistes«, der alles
Nichtbewältigte ins »Gold der Abstraktion« verwandelte.
Hier liegt wohl auch eine Tragik des Mannes, der nur eine – die
intellektuelle – Seite unter Vernachlässigung aller anderen
entwickelte – entwickeln wollte? mußte? Wer weiß das. Aber
die vorhin geschilderte Spaltung von Geist und Natur und die
Rollenverteilung zwischen Mann und Frau und die »reine« nur
männliche, von der Kirche geforderte und gepflegte und
stilisierte Theologie hatte auf alle Fälle etwas damit zu tun.

Auf wahrhaft verheerende Weise wurde die Projektion des
Verdrängten historische Wirklichkeit in den Hexenverfolgungen. Diese kommen in der offiziellen Geschichtsschrei-
bung sowohl in der Kirche als auch in der säkularen Geschichte nur sehr am Rande vor. Sie sollen offensichtlich als eine
Randerscheinung von nur geringer Bedeutung dargestellt
oder eben nicht dargestellt werden, eine Entgleisung des
Aberglaubens in dunkler Vergangenheit. Nebenbei bemerkt
handelt es sich bei dieser dunklen Vergangenheit vor allem
um das 15., 16. und 17. Jahrhundert in Europa, also die Zeit
der Renaissance, des Humanismus, der Reformation usw.
Wie groß die Zahl der verurteilten, gefolterten und verbrann-
ten Hexen war – es waren in ihrer überwältigenden Mehrheit
Frauen –, weiß niemand genau. Die Schätzungen schwanken
zwischen mehreren Hunderttausend und neun Millionen. Es
handelt sich also um eine Art Holocaust. Frauen, die heute
auf der Suche nach unserer eigenen Geschichte sind, sind
diesen Fragen nachgegangen, soweit es möglich ist, und
möglich ist es, weil es genaue Protokolle der nach ganz
bestimmten Schemata ablaufenden Prozesse gibt. Sie wurden
mit ähnlicher Akribie geführt wie in unserem Jahrhundert die
sogenannte Endlösung der Judenfrage.

Uns interessiert in diesem Zusammenhang einerseits die

Haltung der Kirche und andererseits die Identität der Opfer. Den Hexen wurde bezeichnenderweise sexuelle Unreinheit vorgeworfen: »*Alles geschieht aus fleischlicher Begierde, die bei ihnen (den Weibern) unersättlich ist*[47]«, so heißt es im sogenannten »Hexenhammer« der beiden Dominikaner Kramer und Sprenger, der 1486 erschien und einen Katalog der möglichen Vergehen enthält. Es waren also leider christliche Männer, Priester und Theologen, die die Argumente zusammenstellten, warum Hexen – in erster Linie Frauen – verurteilt und umgebracht werden sollten. Sie beriefen sich übrigens in ihrer Argumentation unter anderem auf die Theologen, von denen vorher die Rede war. Thomas von Aquin und Augustin werden – laut Mary Daly – am häufigsten zitiert, und die Prozesse der beiden Inquisitoren Kramer und Sprenger wurden vom damaligen Papst Innozenz VIII. ausdrücklich gebilligt. Den Frauen wurde Buhlerei mit dem Teufel, das Abtrennen männlicher Glieder durch Zauberkünste, das Umbringen von Kindern usw. vorgeworfen: Projektionen von Männern, Projektionen, welche männliche Ängste und Sexualphantasien spiegelten. Diese Phantasien konnten bei der Folterung der Frauen ausgelebt werden.

Man warf ihnen im übrigen vor, daß sie sich direkt gegen die Majestät Gottes vergingen, und ihre Ausrottung sollte der Reinigung des Leibes Christi dienen. Die Häretiker mußten gleich faulen Gliedern aus diesem Leibe herausgeschnitten werden. Das geschah nicht durch die Kirche allein, sondern mit kräftiger Unterstützung des Staates, und es geschah nicht nur in der katholischen Kirche. Wie sich ein gelehrter französischer Jurist und Politologe des 16. Jahrhunderts, Jean Bodin, dazu äußerte, will ich kurz zitieren:

»*Doch diejenigen irren gewaltig, die glauben, daß Strafen nur dazu dienen sollen, Verbrechen zu ahnden. Nach meiner Meinung ist dies die letzte Frucht, die dem Staat daraus erwächst. Die größte und wichtigste ist jedoch,* den Zorn Gottes zu besänftigen, *besonders wenn sich das Verbrechen so wie dieses direkt gegen die Majestät Gottes richtet . . .*«[48]

105

Doch wer waren diese Frauen? Es waren häufig solche, die nicht ins Schema der patriarchalen Familie paßten, also unverheiratete oder verwitwete Frauen, es waren aber auch Frauen, die als Heilerinnen oder Hebammen über natürliche Kräfte verfügten. Es waren auf alle Fälle unabhängige Frauen, die einerseits Vertrauen (bei Frauen, denen sie beistehen und die sie heilen konnten) und andererseits Angst einflößten, vor allem den Männern in der Kirche, die in dieser Kraft antigöttliche Mächte witterten. Es ist sehr wohl möglich, daß Reste einer matriarchalen Religion von Frau zu Frau weitergegeben wurden. Bei den Verfolgern handelte es sich um gebildete Männer – natürlich nicht bei den Folterern selbst. Das ist ja auch heute oft noch so, daß diejenigen, die die Argumente liefern, nicht dieselben sind, die die damit geforderten Taten vollbringen. Dazu noch ein Zitat von M. Daly:

»Beim Studium des Hexenwahns erkennen wir also, daß die Täter zu einer ›höheren‹ Klasse von Männern gehörten, in dem Sinne, daß sie fachlich legitimiert waren und ein offiziell anerkanntes Wissen besaßen. Betrachten wir den Status der Opfer, so wird klar, daß diese Frauen nicht unbedingt den oberen sozialen und wirtschaftlichen Schichten angehörten, daß sie jedoch eine Gefährdung für die aufstrebende Hierarchie des Fachwissens darstellten, weil sie im Besitz von (nicht-legitimierter) höherer Gelehrsamkeit waren, das heißt von spiritueller Weisheit und Heilkraft – und daß sie das hohe Maß von Unabhängigkeit besaßen, die solche Weisheit mit sich bringt.«[49]

Ich muß hier abbrechen, und Sie können fragen, warum ich diesen Exkurs überhaupt gemacht habe. Ich habe es aus zwei Gründen getan. Ich wollte erstens zeigen, wie sich die Linien von einem so harmlos aussehenden dualen Modell, das Unterordnung bis hin zur Diskriminierung der Frau impliziert, ausziehen lassen. Das heißt natürlich nicht, daß das geschehen muß, aber es zeigt, was geschehen kann und geschehen ist und auch heute geschieht, wenn man die vielerlei Formen von Gewalt gegen Frauen mit einbezieht. Daß es auch Gewalt von Männern gegenüber Männern und Gewalt oder Beteiligung an Gewalt von Frauen gibt, weiß ich natürlich auch. Die Wirklichkeit ist nicht monokausal zu erklären, aber hier ging es mir um *eine* meines Erachtens sehr wichtige Linie. Zweitens aber habe ich diesen Exkurs aus Solidarität mit unseren Vorschwestern unternommen, weil ich wenigstens zu einem kleinen Teil dazu beitragen wollte, eine Geschichtsfälschung aufzudecken und eine Erscheinung, die verdrängt worden ist, ans Licht zu holen. Denen von Ihnen, die sich näher damit befassen wollen, möchte ich empfehlen, wenigstens dieses Kapitel des erwähnten Buches von M. Daly zu lesen. Dort finden sich auch alle Hinweise auf die von ihr verwendete Primär-Literatur.

Doch ich möchte wieder zu meinem Ausgangspunkt zurückkehren. Weil in dem ganzen Zusammenhang von Mann, Frau und Natur immer wieder auf die biblischen Urgeschichten zurückgegriffen wird, möchte ich hier als Gegenstück zu den von Männern erdachten und aufgebauten Deutungen und Systemen eine feministische Deutung allerdings nicht der Schöpfungsgeschichte, sondern von 1. Mose 3, der Geschichte vom Sündenfall, kurz referieren und von da aus zu einem persönlichen Schluß kommen. Elga Sorge hat in ihrem Buch »Religion und Frau«[50] unter dem Titel »Das Sündenfall-Drama als Sturz der Göttin und ihres Heros« eine sehr interessante, konsequent feministische Deutung von 1. Mose 3 geschrieben. Sie geht davon aus, daß es sich hier um einen Mythos handelt und daß diese Geschichte nur dann angemessen verstanden werden könne, wenn die mythischen Elemente, die uralten Symbole unter der patriarchalen Schicht wieder entdeckt, auf-gedeckt werden. Dieser Mythos ist nach ihrer Meinung historisiert worden, und zwar im Interesse der Legitimation eines Wandels, der sich zur Zeit, als 1. Mose 3 geschrieben wurde, vollzog. Es war die Zeit der Königsherrschaft Salomos, das heißt, diese Herrschaft bestand noch nicht lange und war noch nicht voll etabliert. Israel wurde aus einem Nomadenvolk ein festgefügter Staat. Dazu gehörte nach E. Sorge auch die »Bürokratisierung und Hierarchisierung aller Lebensbereiche, also auch die Verfestigung oder Herausbildung hierarchischer Beziehungen zwischen Mann und Frau«. Nebenbei bemerkt: Im Alten Testament wird von Salomo gesagt, daß er 700 Haupt- und 300 Nebenfrauen sein eigen genannt habe (1. Könige 11, 3), was bewundernd und nicht kritisch erwähnt wird. In dieser Zeit der Umwandlung entstand die uns erhaltene patriarchale Umdeutung von Elementen, die aus einer matriarchalen Kultur stammten. So ist nach Elga Sorge die Gestalt der Eva, die ja in der Erzählung des Jahvisten sehr viel selbständiger handelt als Adam, noch ein Rest der Urmutter oder der großen Göttin. Wenn Adam ihr nach dem Sündenfall den Namen »Mutter aller Lebenden« gibt (1. Mose 3, 20), dann ist das ihr richtiger Name. Das ist sie wirklich. Aber dadurch, daß Adam ihr diesen Namen verleiht, ergreift er die Herrschaft über sie. Die Entthronung der großen Mutter, der Mutter aller Lebenden, geht einher mit der Entrechtung der Frau. Es ist ganz klar, daß Israel zu jener Zeit, wie es auch im Alten Testament vielfach belegt ist, einen harten Kampf gegen den Kult der Göttin führte, der Fruchtbarkeitsgöttinnen, wie sie gewöhnlich genannt werden. Im Grunde genommen wollte – nach E. Sorges Deutung – der ursprüngliche Mythos sagen, daß Eva mit dem Apfel Adam Anteil an ihrer Kraft zur Liebe und ihrem tiefen Wissen um Leben und Liebe geben wollte. Liebe und Erkenntnis gehören zusammen, davon weiß die Frau mehr, und der Apfel war ein Liebesapfel aus dem Paradies der Göttin. Es gibt übrigens, wie Elga Sorge ausführt, auch Bilder von der Madonna, die dem Jesuskind einen Apfel gibt – zum Beispiel die berühmte Stuppacher Madonna von Matthias Grünewald.

Unvoreingenommene, von der Tradition nicht belastete Bibelleserinnen von heute entdecken ganz von selbst, wie ich das erlebt habe, daß Eva in dieser Erzählung aktiver, selbständiger und mutiger ist, und entsprechend werten sie Adam ab. Elga Sorge lehnt das letztere ab, einmal weil sie der Abwertung der Frau im Patriarchat nicht eine Abwertung des

Mannes entgegensetzen will. Dann aber auch, weil es dem Mythos von der Göttin und ihrem Heros nicht entspricht. Der ursprüngliche Adam wäre der Mann, der sich von der Frau in ihre Weisheit der Liebe und des Lebens einführen läßt. Das kann natürlich unter den vorhin geschilderten historischen Bedingungen nicht stehen bleiben. König Salomo galt als männlich-königliches Idealbild schlechthin, mit dem alle seine Nachfolger sich zu identifizieren strebten. Warum wird Adam also in der Sündenfallgeschichte doch als etwas inferior dargestellt? Er darf ja auf keinen Fall als der Hauptschuldige dastehen, so wird er zum beklagenswerten Opfer der verführerischen Eva, und sein Verhalten wird sogar belohnt, wenn zur Frau gesagt wird: »Nach deinem Mann sollst du verlangen, und er soll dein Herr sein.« Eine merkwürdige Verquikkung, gegen die Elga Sorge sich – meiner Meinung nach zu Recht – wehrt, die aber – wie sie sagt – sehr viele Frauen als Deutung ihrer eigenen Abhängigkeit übernommen haben, als Gott gegeben übernommen, dabei handelt es sich ja eigentlich um eine Strafe. Auf alle Fälle ist auf diese Weise der ursprüngliche Sinn des Mythos entstellt worden. Der Mann läßt sich nicht von der Frau in ein Leben der Liebe einführen, das ohne Gewalt und die Notwendigkeit der Verdrängung gelebt werden könnte, und die ursprüngliche Göttin wird nicht nur ihrem Herrn unterstellt, sondern auch *»ihre schöpferische Lust am Gebären soll sie von nun an als Strafe dieses Gottes interpretieren. Ihre Gebärfähigkeit, die ihr bis anhin Würde und Macht verlieh, wird zum Fallstrick, der sie dem Mann ausliefert; denn durch sie hindurch pflanzt er sich von nun an selber fort und degradiert die Frau zum Instrument seiner Zeugungskraft.«*[51]

In der konventionellen männlichen Theologie wird diese Sicht des Sündenfalls nicht geteilt. Die selbständige Rolle der Eva dient hier, wie wir es in den vorhin dargestellten männlichen Systemen bereits gesehen haben, nur dazu, ihr die volle Verantwortung für das Sündigen zuzuschieben.

Bleibt noch die Rolle der Schlange. Die meisten Kommentatoren nehmen sie kaum mehr wahr, messen ihr jedenfalls keine Bedeutung bei. Sie ist einfach da und verkörpert irgendwie das Böse. E. Sorge sieht auch in der Schlange ein uraltes Symbol weiblicher Fruchtbarkeit und Klugheit. Die Schlange, die sich jährlich häutet, sei ebenso wie der Mond ein Symbol für die ewige Wiederkehr des Lebens und das zyklische Leben der Frau. Im Grund genommen könnte die Geschichte vom Sündenfall die Geschichte vom Fall der Schlange heißen. Sie berichtet

> *vom Sturz einer naturliebenden Religion, der die Entrechtung und Entmachtung der Frau implizierte, und der Errichtung einer männerdominierten, die sich weibliche Elemente einverleibte und untertan machte...*
>
> *Die weibliche Weisheit, die die Schlange symbolisiert, wird von Jahwe verflucht. Dieser symbolische Akt läßt an Deutlichkeit nichts zu wünschen übrig.*[52]

Gott tritt in dieser Geschichte als einer auf, der Verbote aufstellt und Strafen verhängt, vor dem man sich rechtfertigen muß, was ja dazu führt, daß Adam der Eva und diese der Schlange die Schuld zuschieben wollen. Die Strafe ist die Vertreibung aus dem Paradies. Elga Sorge meint, das Patriarchat kenne keine lebendigen Visionen von paradiesischem Leben, während das matriarchale Paradies einmal wirklich existiert habe und in bestimmten Formen bis heute existiere. Sie zieht auch Folgerungen aus ihren hier sehr verkürzt dargestellten Gedanken über den Mythos, wenn sie sagt:

> *So geht es gegenwärtig also um zweierlei: die Göttin und damit eine frauen-, leben- und erosliebende Spiritualität, die die Heiligkeit des Lebens kennt, wieder in Geltung zu bringen, und den männlichen Gesetzesgott zu vermenschlichen, zu verlebendigen und in einer angemessenen Relation zur übergreifenden göttlichen Weisheit zu stellen, die diesen Gott hervorbrachte.*[53]

Soweit also Elga Sorge. Was machen wir damit? Natürlich könnte man es sich leichtmachen und sagen, sie gehe zu weit, sie ziehe bestenfalls angedeutete Linien in diesem Text schamlos aus. Ihre Interpretationen seien nicht glaubwürdig, stützten sich auf nichts Haltbares ab. Aber könnte man das nicht mit gleichem Recht von männlichen Auslegungen dieser Texte sagen? Auch sie sind von Prämissen bestimmt, die uns vielleicht vertrauter sind, weil wir daran gewöhnt und damit aufgewachsen sind, die aber einem patriarchatskritischen Denken nicht standhalten. Demgegenüber würde ich Elga Sorge immerhin zugestehen, daß sie ihren eigenen Standort, ihre eigenen Interessen und Voraussetzungen wenigstens unmißverständlich bekanntgibt. Trotzdem ist die Frage offen: Was machen wir, was mache ich damit?

Ich kann nur sehr vorläufig darauf antworten. Mich persönlich spricht einerseits der Versuch an, eine Schicht zu erschließen, die fraglos in der christlichen Tradition unterdrückt worden ist. Wir sahen das ja in den von Männern gebauten Systemen. Andererseits frage ich mich, ob nicht mit dem Mythos von der Göttin und ihrem Heros ein neues System und Denkgebäude aufgebaut wird und wir nun überall diese Spuren suchen und finden müssen. Mindestens vorläufig ist für mich zwar die Erkenntnis der Vergewaltigung der Natur, der Frauen und damit einer Seite des Menschen, auch des Mannes, durch das Patriarchat klar erkennbar und erwiesen. Die Existenz eines Matriarchats vor der patriarchalen Kultur wird auch nicht geleugnet werden können, und ich wüßte gern mehr darüber und bezweifle die Ernsthaftigkeit der diesbezüglichen Forschung nicht. Ob und wie es wieder zu beleben wäre, weiß ich nicht. Ich frage mich auch, ob hier nicht ein neues duales Modell konstruiert wird – die Göttin und ihr Heros. Zwar ist es sicher nicht einfach die Umkehrung dessen, was das Patriarchat hervorgebracht hat. Soweit ich die matriarchalen Gedankengänge und Utopien kenne und verstehe, ist genau das nicht gemeint, und trotzdem sehe ich Parallelen. Es scheint mir, daß auch hier die Beziehung von Mann und Frau und nun natürlich das Weibliche eine allzu große Rolle spielt. Die Folgen sind zum Beispiel darin zu erkennen, daß manche heutige Frauen, die sich auf eine matriarchale Spiritualität eingelassen haben, die Mutter-

111

schaft, ihr Mutter-Sein auf eine Weise überhöhen, daß sie ungewollt in die Nähe dessen geraten, was wir in unserer Kultur, wenn auch unter ganz anderem Vorzeichen, schon einmal gehabt haben: die Vergottung der Mutterschaft. Es zeigt sich ja auch, daß manche Frauengruppen sich in sich selbst verschließen und nur noch um ihre eigenen Fragen kreisen. Mein eigener Weg geht in eine andere Richtung. Zwar habe ich von der neuen Frauenbewegung und ihrer Betonung des Frau-Seins sehr viel über mich selbst gelernt. Mir ist gerade auch im Blick auf Frau-Sein, Liebe zum Lebendigen, Beziehung zum Körper und zur Natur vieles aufgegangen, das mir vorher verschlossen oder jedenfalls nicht so bewußt war. Aber mein Lebensmodell ist anders, und ich kann in Elga Sorges Heros Jesus nicht erkennen, und da liegt mein Hauptproblem. Ich erkenne ihn allerdings auch in den männlichen dualen Systemen nicht. Da Jesus aber für meinen Glauben eine zentrale Figur ist, muß ich von hier aus weiterdenken.

Ich kann das hier nur in Stichwörtern tun. Wichtig ist mir, daß sein Ruf sich an einzelne Menschen – Männer und Frauen – richtet und sie in eine Gemeinschaft ruft, die nicht auf Ehe und Familie gründet wie unsere Kirchen. Denken Sie an Worte wie Markus 3, 35. Gemeint ist jeder und jede einzelne. Es ist eine auf »equality« beruhende Gemeinschaft, was nicht Gleichheit, sondern eine nicht auf Über- und Unterordnung beruhende Gemeinschaft bedeutet. An dieser Gestalt der Kirche müssen wir, will ich jedenfalls weiterdenken.

Frauen für eine ganzheitliche Kirche - auch wir Frauen sind Kirche

Zum Abschluß dieser Vorlesungsreihe will ich heute auf die Kirche zu sprechen kommen, und zwar sowohl auf die Kirche(n) in ihrer heutigen Gestalt als auf die Kirche, an die wir glauben und auf die wir hoffen. Vor anderthalb Jahren habe ich hier in Luzern unter dem Titel »Frauen für eine ganzheitliche Kirche« an der Thomas-Akademie einen öffentlichen Vortrag gehalten. Ich stehe immer noch zu diesem Titel; aber nicht zuletzt durch das sehr grundsätzliche Nachdenken, zu dem dieser Lehrauftrag mich genötigt hat, bin ich noch ein Stück radikaler geworden. Ja, wir Frauen, das heißt diejenigen von uns, die aufgebrochen sind und trotzdem Christinnen sind und bleiben wollen, sind immer noch für eine ganzheitliche Kirche. Aber auch diese Formulierung sieht immer noch so aus, als gäbe es ein Nebeneinander oder ein Gegenüber von »Frauen« und »Kirche«. So erleben wir es ja auch immer wieder, aber genau das ist eine durch das Patriarchat erreichte und erzwungene Verzerrung des wahren Wesens der Kirche. Wir dürfen kühner sein und sagen: Auch wir Frauen *sind* Kirche. Wir sind nicht die ganze Kirche, das wissen wir sehr gut, nur zu gut, darum braucht es schon Mut, einen Satz wie den eben formulierten zu brauchen: Auch wir *sind* Kirche, und vielleicht braucht es noch mehr Mut zu sagen: Die von Männern beherrschte Kirche, in der wir leben, ist auch Kirche, aber auch sie ist nicht ganz, sie ist amputiert, ihr fehlt die Erfahrung der Hälfte der Menschheit. Wenn ich das so nebeneinanderstelle, könnte es so aussehen, als wäre es im Grunde genommen ganz einfach. Zwei getrennte Hälften, die nur zusammenfinden müßten, und dann wäre alles gelöst. Das alte duale Modell, von dem ich im letzten Kapitel sprach. Aber leider ist es auch hier nicht so einfach. Zwischen uns steht das Problem der Macht, genauer gesagt: der Macht des Patriarchats, der Herrschaft und der Unterordnung nicht nur von Männern über Frauen, sondern auch vom Klerus über Laien, von Reichen über Arme, vom Menschen über die Natur usw. Weil das so ist, braucht es für uns Frauen viel Mut, um zu sagen: Auch wir sind Kirche, und kostet es Männer relativ wenig zu sagen: Ja, natürlich, wir brauchen euch, wenn sie damit nicht gleichzeitig die Konsequenz ziehen und ihre eigene Position – nicht nur ihre persönliche, sondern ihre kollektive – grundlegend in Frage stellen. Ohne das nützen alle schönen Worte, deren es viele gibt, gar nichts.

Um noch besser zu erklären, was ich meine, wenn ich sage: Wir Frauen sind Kirche, greife ich nochmals auf Elisabeth Schüssler-Fiorenza zurück. Wie ich schon referierte, bezieht sie sich auf die ursprüngliche Jesus-Bewegung, in welcher Frauen selbstverständlich »equals«, Personen, berufene und getaufte Gemeindeglieder gleichen Rechts waren. Aus dieser von ihr unter anderen – wie mir scheint: überzeugend – nachgewiesenen Tatsache leitet sie ab, daß wir, Frauen und Männer, Männer und Frauen, eine gemeinsame Geschichte haben, eine Geschichte des Glaubens und der Zugehörigkeit zu Gott in der Nachfolge Jesu. Diese Geschichte ist mit der Anpassung der Gemeinden, der Kirche an die herrschenden gesellschaftlichen Strukturen von den Männern beschlagnahmt worden. Offiziell ist es »ihre« Geschichte, ihre Tradition, in der wir durch die Einschränkung der Ämter, durch die Sprache, durch vielfaches Verschweigen faktisch ausgeschlossen wurden, auch wenn immer wieder gesagt wurde, wir seien doch selbstverständlich mitgemeint. »Wenn wir sagen ›Brüder‹, so sind die Schwestern mitgemeint«, und Frauen sagen, wie ich es neulich in einem evangelischen Gottesdienst wieder hörte – gesagt und formuliert von einer

Frau –, wir seien zu einem »brüderlichen Dienst« gerufen. So weit ist unsere geistige Kolonisierung gelungen: Demgegenüber sage ich: Wir sind Kirche, und viele von uns sind endlich sehend und hörend geworden und wollen unsere Geschichte zurück. Auf einer Konferenz katholischer Frauen in den USA im Jahre 1983 wurde das so formuliert:

»Für die Frauen, welche die Konferenz ›Die Frauen-Kirche spricht‹ besuchten, gibt es nur eine ganzheitliche Kirche (engl. ›one entity‹) Frauen sind nicht in der Kirche; sie sind (die) Kirche. Zwar beanspruchen sie nicht, die ganze Kirche zu sein, aber sie beanspruchen, Kirche zu sein. Solch ein Anspruch ist natürlich begründet in der Definition des Zweiten Vatikanischen Konzils, daß die Kirche das Volk Gottes ist. Bedeutsam ist hier, daß Frauen sich diesen Anspruch aneignen, selbst, als Personen zu einem besonderen Auftrag in Kirche und Welt berufen zu sein, und dieser ist geprägt von ihrer besonderen Erfahrung als Frauen.«[54]

Im gleichen Text heißt es dann, das zentrale Problem für diese Frauen sei nicht mehr das Priesteramt der Frau, sondern das Patriarchat:

»Das zentrale Problem ist das Patriarchat und seine Legitimation durch die religiöse Sprache, Symbole, Theologie und Strukturen... Die meisten Frauen glauben, daß, wenn die Kirche von der begrenzten Sicht des Patriarchats befreit würde, die Frage der Ordination von selbst gelöst würde.«

Da wir aber noch weit von dieser Vision entfernt sein dürften, möchte ich jetzt, wie ich es schon in meiner ersten Vorlesung ankündigte, doch kurz auf die Frage der Ordination der Frau – gemeint ist: zum vollen Priesteramt – kommen. Einsetzen möchte ich mit dem Aufschrei einer Schweizer Katholikin, die eine Eingabe ans Zweite Vatikanische Konzil in dieser Angelegenheit richtete. In ihrem Vorwort heißt es:

»Ich ergreife das Wort als eine Frau unserer Zeit, die durch

Studium, Beruf und eine langjährige Tätigkeit in der Frauenbe-
wegung die Nöte und Probleme ihrer Schwestern kennt. Ich
wende mich an Sie (gemeint waren damals die Teilnehmer am
II. Vatikanischen Konzil) *in der Hoffnung, daß meiner Einga-*
be die Beachtung zukomme, die sie nach dem Ernst und der
Schwere ihres Inhalts verdient. Denn indem ich meinen Ge-
danken Ausdruck gebe, empfinde ich mich als Schwester aller
Schwestern. Meine Worte möchte ich verstanden wissen als
Klage und Anklage einer halben Menschheit – der weiblichen
Menschheit, die während Jahrtausenden unterdrückt wurde
und an deren Unterdrückung die Kirche durch ihre Theorie
von der Frau in einer das christliche Bewußtsein schwer
verletzenden Weise beteiligt war und beteiligt ist.«[55]

Ich meine, daß diese Worte für sich selbst sprechen, und ich
weiß, daß auch in der katholischen Kirche Diskussionen
darüber im Gang sind. Da ich aber über die Diskussion im
ÖRK besser informiert bin und weil diese Diskussionen die
Dynamik der Problematik in durchaus vergleichbarer Weise
klarmachen, möchte ich hieraus Beispiele bringen.

Lassen Sie mich mit einer Anekdote beginnen, welche die
Situation sehr gut schildert. In einer Plenarversammlung der
letzten Vollversammlung des ÖRK, Vancouver 1983, wurde
wieder einmal die Frage gestellt: Ist die Ordination von
Frauen nicht ein Hindernis für die Einheit der Kirchen? Das
veranlaßte eine reformierte Schweizer Delegierte zu der
temperamentvollen Entgegnung, man solle jetzt nicht die
Frage der Einheit zu Lasten der Frauen abhandeln, und sie
fragte: »Meine Herren, was haben Sie vorher für die Einheit
der Kirche getan, als noch nicht von der Ordination der
Frauen die Rede war?«

Doch zurück zu einer genaueren Beschreibung der Situation. Die schon einmal zitierte Studie des ÖRK »Die
Gemeinschaft von Frauen und Männern in der Kirche« stellt
fest:

»Obschon heute fast die Hälfte der Mitgliedkirchen des ÖRK
Frauen ordinieren, können diese zahlenmäßig den drei größ-

116

ten kirchlichen Körperschaften, die es nicht tun, nicht die Waage halten, nämlich den orthodoxen Kirchen, den meisten anglikanischen und der römisch-katholischen Kirche. Obschon die Debatte in den meisten protestantischen Kirchen abgeschlossen ist, ist sie in der internationalen ökumenischen Bewegung noch fast neu, und bei manchen besteht ein starker Widerstand dagegen, die Ordination von Frauen zum Priesteramt auch nur als Thema in Erwägung zu ziehen.«[56]

Auf der Konferenz von Sheffield (1981), auf der diese Sätze formuliert wurden, wurde empfohlen, diese Frage weiterhin zu studieren. So finden sich in den sogenannten Lima-Papieren, das heißt den Konvergenzerklärungen über Taufe, Eucharistie und Amt, die von der Kommission für Glauben und Kirchenverfassung des ÖRK erarbeitet und den Kirchen der Welt (auch der römisch-katholischen Kirche) zur Stellungnahme unterbreitet wurden, zwei äußerst vorsichtig formulierte Hinweise auf dieses anstehende Problem. Den einen möchte ich zitieren. Er ist Teil des ohnehin schwierigsten und wohl am meisten umstrittenen Abschnitts über das Amt (ministry). Darin heißt es:

»Wo Christus gegenwärtig ist, sind menschliche Schranken durchbrochen. Die Kirche ist berufen, der Welt das Bild einer neuen Menschheit zu vermitteln. In Christus ist nicht Mann noch Frau (Gal. 3, 28). Frauen wie Männer müssen ihren Beitrag zum Dienst Christi in der Kirche entdecken. Die Kirche muß den Dienst erkennen, der von Frauen verwirklicht werden kann, ebenso wie den, der von Männern geleistet werden kann. Ein tiefergehendes Verständnis des umfassenden Charakters des Dienstes, das die gegenseitige Abhängigkeit von Männern und Frauen widerspiegelt, muß noch breiter im Leben der Kirche zum Ausdruck kommen.

Obwohl die Kirchen sich in dieser Notwendigkeit einig sind, ziehen sie daraus unterschiedliche Folgerungen bezüglich der Zulassung von Frauen zum ordinierten Amt...[57]

Dieser Text erweckt den Eindruck, als müsse hier alles von

neuem beginnen, als müßten in gleicher Weise Dienste für Männer wie für Frauen neu geschaffen werden, als wären nicht alle wichtigen kirchlichen Ämter de facto reine Männerämter, als gäbe es kein Ungleichgewicht zwischen Männern und Frauen in allen kirchlichen Strukturen, sogar dort, wo Frauen ordiniert werden können.

Doch ich möchte Sie nicht mit weiteren Zitaten dieser Art langweilen – sie gehören wohl in die Kategorie der gutgemeinten Worte, die nicht allzuviel nützen. Vielmehr will ich zusammenfassend über eine Debatte berichten, die in der anglikanischen Kirche, also einem der drei vorhin genannten »Blöcke«, im Gange ist. Anglikanische Kirchen in den USA und in Kanada ordinieren Frauen, und in der Mutterkirche, der »Church of England«, wurde in der Synode im November 1984 eine Vorlage für eine neue Gesetzgebung für die Zulassung von Frauen zur Ordination diskutiert. Obwohl sich eine deutliche Mehrheit grundsätzlich dafür aussprach, wird es noch ein weiter Weg durch viele Instanzen sein, bis es zu einem Beschluß kommt, und bereits nach dieser vorläufigen, eher zustimmenden Sitzung der Synode erfolgte der scharfe Protest aus den Reihen der griechisch-orthodoxen Kirche – was für die Richtigkeit des Arguments sprechen könnte, es handle sich um ein kirchenspaltendes Thema. Hier kann ich mir ein Zitat nicht versagen:

»In keinem Fall wird die orthodoxe Kirche die apostolische und auch die Vätertradition ignorieren, die durch ökumenische Synoden besiegelt wurden und welche den Anspruch erheben, daß die besondere Weihe für den Vollzug und die Weitergabe der Mittel der göttlichen Gnade, der Sakramente, dem Geschlecht der Männer zukommt...

Die sogenannte ›Fortschrittlichkeit‹ der Anglikaner in dieser Frage ist ein weiterer unverzeihlicher Fehler dieser Kirche gegen die Bemühungen um die Einheit der Kirche; ein solcher Schritt hat dermaßen zurückwerfende Bedeutung, daß von den Verantwortlichen ernsthaft überlegt werden sollte, ob der

Dialog zwischen Orthodoxen und Anglikanern noch einen Sinn hat.«[58]

Aufschlußreich in unserem Zusammenhang sind aber die innerhalb der Church of England gebrauchten Argumente. Ich greife das Votum des Erzbischofs von Canterbury, Dr. Runcie, heraus. Er bemerkte, daß er für die Ordination der Frau sei, aber nicht zum jetzigen Zeitpunkt. Er räumt auch ein, daß jede Entscheidung, wie immer sie getroffen werde, eine Gruppe von Menschen verletzen werde. In seinen weiteren Ausführungen verschwanden aber die direkt Betroffenen, die Frauen, völlig, und zurück blieb die von seinem männlichen und hierarchischen Standpunkt aus verständliche Rücksicht auf die Kirche, konkret auf die Kirchen, mit denen die Church of England im Gespräch ist: die römisch-katholische und die orthodoxe Kirche. Es gebe Gründe zur Vorsicht, wenn man dieser Sache nähertrete. Es sei zu berücksichtigen, wie tief sich die anglikanische Kirche auf den Dialog mit den beiden genannten Kirchen eingelassen habe. Es sei zwar wahr, daß es in der universalen Kirche Raum für eine große Verschiedenheit der Gebräuche geben müsse, und es sei auch richtig, die verschiedenen Erfahrungen mit Frauenämtern in den nichtepiskopalen Kirchen ernst zu nehmen. *»Trotzdem kann ich meine Überzeugung nicht verhehlen, daß wir die Verpflichtung haben, nicht den Anschein zu erwecken, als würden wir auf radikale und unbrüderliche Weise sehr große katholische Körperschaften nicht beachten, mit denen wir die Fundamente des Glaubens teilen.«*[59] Im Weiteren wird die Ordination der Frau als eine »radikale Veränderung« der Kirche bezeichnet.

»Die Fundamente des Glaubens« mit diesen oder jenen »teilen«. Mit allem Respekt muß hier die Rückfrage gestellt werden: Ist die Ekklesiologie und speziell das Amtsverständnis wirklich das wesentlichste Fundament des gemeinsamen christlichen Glaubens? Verblassen demgegenüber wirklich fundamentale biblische Aussagen wie 1. Mose 1 über die Erschaffung von Mann und Frau zum Ebenbild Gottes oder

Galater 3, 28, wo aufgrund der Taufe die Schranken zwischen Mann und Frau im Leibe Christi durchbrochen sind, um nur zwei Bibelstellen zu nennen? Oder anders gefragt: Ist die unabdingbar zum Menschen gehörige, in der Schöpfung begründete Gleichwertigkeit von Mann und Frau nicht Fundament des Glaubens? Dieselbe Frage stellt sich in bezug auf die Erlösung in Christus. Man könnte es auch so formulieren: Steht die Ekklesiologie über der Anthropologie und über der Christologie?

Selbstverständlich würde keiner dieser Männer diese Gleichwertigkeit bestreiten, und eine Mehrheit von ihnen hat sich ja auch grundsätzlich für die Ordination der Frau ausgesprochen. Nur eben: Wie wird aus grundsätzlicher Zustimmung konkretes kirchliches Handeln? Man kann mit Spannung darauf warten, wie es in der Church of England weitergeht, wenn Frauen selbst nicht resignieren. Doch gerade, weil all diese Prozesse so langsam sind, ist es um so dringlicher, neben der weiteren konsequenten Verfolgung dieser Frage sich doch nicht an ihr festzubeißen, sondern sie zu erweitern und zu fragen.
– Was erwarten Frauen von der Kirche?
– Was haben Frauen der Kirche zu bringen? Wie sieht die Frauen-Kirche aus?

Zu den Erwartungen möchte ich die Stimme einer jungen Schweizerin von heute zitieren, die meiner Meinung nach das, was viele Frauen erhoffen und erwarten, sehr gut zusammenfaßt:

»Ich träume von einer Kirche, in der die Stimme ihrer Glieder gehört wird, in der wir die Gewißheit haben, daß wir mit unseren Problemen verstanden werden. Ich träume von einer Kirche, in der wir Frauen die Strukturen mitprägen und mitbestimmen, in der wir uns nicht einfach Bestehendem anpassen ... In dieser Kirche wird nicht mehr über Frauen verhandelt und entschieden. Wir können über das, was uns betrifft, mitreden. Diese Kirche war in meinem Traum eine echte Verkünderin der Frohen Botschaft, eine Verkünderin der

Befreiung aus Diskriminierung und Unterdrückung ... Plötz-
lich erwachte ich aus meinem Traum. Eine große Heilige, die
vor 400 Jahren gelebt hat, kam mir in den Sinn, Teresa von
Avila, die einmal sagte: ›Allein der Gedanke, daß ich eine Frau
bin, reicht aus, mir die Flügel zu lähmen.‹«

Diese Sätze stammen aus einem Votum von Elisabeth Äberli,
das beim Besuch von Papst Johannes Paul II. bei seinem
Treffen mit der Jugend in Einsiedeln abgegeben wurde. Es
schloß mit den Worten:

»Nun, wer träumt, der hofft.«

Ist es boshaft, wenn ich dieser schüchternen, aber tapferen
und konkreten Äußerung einer Hoffnung zwei päpstliche
Zitate gegenüberstelle? Papst Johnnes Paul II. hat bei seinem
Besuch in der Schweiz 1984 bei der Begegnung mit Vertretern
und Vertreterinnen der Arbeitsgemeinschaft christlicher Kirchen in der Schweiz gesagt:

»Es genügt, einen Blick auf die Heilige Schrift zu werfen, um
zu erkennen, welch große Sendung der Frau im Heilsgesche-
hen Gottes zukommt. Gott hat im Alten wie im Neuen Bund
immer wieder Frauen zum Werkzeug seines Heilsplans beru-
fen. Er hat ihrer bedurft und bedarf ihrer heute und morgen.
Wir haben uns darum ernsthaft zu fragen, ob die Frau heute in
Kirche und Gesellschaft bereits jenen ihr vom Schöpfer und
Erlöser zugedachten Platz einnimmt und ihre Würde und ihre
Rechte in gebührender Weise anerkannt werden. Diese Fragen
gehören bekanntlich schon zur Tagesordnung der Gespräche
zwischen unseren Kirchen, und wir dürfen hoffen, daß sie zu
einer gemeinsamen Klärung und Meinungsbildung führen.«

Und sein Vor-Vorgänger, Paul VI., äußerte sich 1975 zum
Jahr der Frau folgendermaßen:

»Wir wünschen einen Fortschritt für die Funktion der Frau in
Beruf und Gesellschaft, jedoch muß die Würde und die
Mission der Frau gewahrt bleiben. Gott hat sie zur empfindsa-
men Tochter, zur starken und reinen Jungfrau, zur liebenden

Ehefrau und besonders zur heiligen und würdevollen Mutter und schließlich zur frommen, arbeitsamen Witwe bestimmt.«

Dies würde die Festschreibung der traditionellen Rollen der Frau bedeuten. Dagegen lehnen sich heute nicht nur Frauen auf, und darum wird es nun um so dringlicher, daß wir uns dem zuwenden, was Frauen meinen, wenn sie sagen: Wir sind Kirche, und was Frauen tatsächlich in die Kirche einbringen können – oder umgekehrt gesagt: wessen sich die Kirche beraubt, wenn sie Frauen daran hindert, ihre wirklichen und sicher weiterhin zu entwickelnden Gaben einzubringen. Ich möchte hier den Versuch einer Zusammenstellung sowohl aus eigener Erfahrung als auch aus meiner Kenntnis von Frauenliteratur zum Thema machen. Ich erhebe nicht den Anspruch auf Vollständigkeit, und ich möchte schon gar nicht, daß eine solche Aufzählung zu einer feststehenden Norm gemacht, daß auch sie festgeschrieben wird.
1. Frauen denken anders – Frauen sehen zum Beispiel die Folgen von Entscheidungen, sie sehen Ereignisse in Zusammenhängen, die für Männer nicht unbedingt einsichtig sind – etwa den Zusammenhang zwischen allem Lebendigen, aber auch zwischen allem Tötenden: zwischen friedlicher und kriegerischer Technologie, zwischen Gewalt gegen Frauen und Vergewaltigung der Natur, zwischen sogenannten Kleinigkeiten wie sprachlichem Patriarchat und Hexenverfolgungen, zwischen Verweigerung des Priesteramts und verdrängter Sexualität. Frauen denken zyklisch oder in Spiralen und nicht linear. Lineares Denken kommt rascher zum Ziel, zyklisches Denken braucht Zeit, es kreist um einen Gegenstand. Das geht Männern auf die Nerven. Es macht Frauen sprach- und hilflos, weil sie dem so logisch wirkenden linearen Denken nichts Einleuchtendes entgegenzusetzen haben. Darum fehlen so viele Beiträge von Frauen in Sitzungsprotokollen und Tagungsberichten. Sie sind auf die »normale« – sprich männliche – Art nicht faßbar.

Frauen beziehen ein, sie sehen ein Umfeld, Männer grenzen eher ab.

Das alles ist nicht angeboren, sondern unter verschiedenen Lebensbedingungen erlernt.

2. Frauen sind von ihrer Sozialisation her dem Leben näher. Diese Behauptung möchte ich im kirchlichen Raum belegen mit meinen Erfahrungen von der schon öfter zitierten Weltkirchenkonferenz in Vancouver 1983, wo zum ersten Mal in der Geschichte der Ökumene (vielleicht zum ersten Mal seit der Jesus-Bewegung) in einem offiziellen kirchlichen weltweiten Gremium Frauen zwar nicht 50 Prozent, aber wenigstens ungefähr ein Drittel der Teilnehmer ausmachten, und zwar nicht nur der stimmberechtigten Delegierten, sondern auch der Redenden, Leitenden und so weiter.

Was war ihr Beitrag? Zunächst einmal: Die Konferenz war farbiger, wärmer, lebendiger, lebensnäher, origineller als andere – wohl auch existentiell frömmer. Für mich entsprach sie dem Bild einer partizipatorischen Kirche weit mehr als frühere Vollversammlungen. Aber ich möchte noch einen Schritt weitergehen. Wenn ich die theologischen Beiträge von Frauen nochmals überlese, fällt mir auf, daß Grunderfahrungen von Frauen so zum Ausdruck kamen, wie ich es noch nie gehört habe. Das Thema lautete: »Jesus Christus, das Leben der Welt.« Was lag näher, als das Bild der Geburt zu brauchen. Jesus selbst hat das ja getan, wenn er nach Johannes 16, 21 sagt: »Wenn eine Frau gebiert, hat sie Wehen, denn ihre Stunde ist gekommen. Doch wenn sie das Kind geboren hat, denkt sie nicht mehr an die Not zurück vor Freude darüber, daß ein Mensch zur Welt geboren ist.« Jesus braucht dieses Bild für die Situation seiner Jünger, die er allein, unter Schmerzen, traurig zurückläßt. In Vancouver wurde es von Frauen vielfältig gebraucht: Warten, bis es Zeit ist, daß das Kind geboren ist. Krämpfe und Schmerzen, bis es zur Welt kommt – Bilder für den Glauben, lebensnahe Bilder. Ein Beispiel möchte ich Ihnen noch wörtlich zitieren. Eine Frau hielt die Predigt im Eröffnungsgottesdienst. Sie sprach unter anderem von den Märtyrern unserer Tage, von denen, die seit der letzten Vollversammlung um ihres Glaubens willen ihr Leben verloren hatten, zum Beispiel Erzbischof Romero von San Salvador, und dann sagte sie:

»Das Vergießen von Blut bedeutet nicht nur Zerstörung und Tod, es kann auch ein Symbol für Schöpfung und Leben sein. Für eine Frau ist es ein Zeichen dafür, daß ihr Körper in der Lage ist, zu gebären, neues Leben in ihr entsteht. Und auch, wenn sie selbst nicht das Privileg der Mutterschaft erfährt, können Instinkte und Energien, die in ihr freigesetzt werden, von Gott benutzt werden, indem er sie an der Erhaltung und Ernährung seiner Kinder, vor allem solcher, die vernachlässigt, entrechtet oder ihrer vollen Menschenwürde beraubt sind, mitwirken läßt. Wir leben in einer Welt, die das Kommen seines Reiches in sich trägt, wir nehmen an den Geburtswehen und dem Schweiß teil, durch den das neue Zeitalter des Gottessohnes zur Welt gebracht wird.«

Es gäbe noch weitere ähnliche Texte. Ich muß mich aber beschränken. Ihnen allen ist gemeinsam, daß hier nicht eine vergeistigte Wiedergeburt definiert wurde. Auch wenn Frauen sprachen, die selber keine Kinder geboren hatten, schwang in ihren Worten etwas von typischer Frauenerfahrung mit. Diese wurde in die Kirche eingebracht. Vielleicht war es anstößig für manche, das Blut der Märtyrer, das Blut Christi und das Blut von ganz gewöhnlichen Frauen so nah beisammen sehen zu sollen. Für viele von uns war es unendlich befreiend. Denn wie lange ist unsere Leiblichkeit von der Kirche tabuisiert worden und ist es noch bis auf den heutigen Tag! »Eine schwangere Frau auf der Kanzel oder am Altar – unmöglich«, das hört man doch auch noch heute.

Was haben wir Frauen einzubringen? Lebensnähe, Sorge für das Leben, Überwindung der Spaltung von Geist und Körper, die wir nie verstanden haben, eine neue Bejahung der Leiblichkeit und auch unserer Form von Sexualität, ein anderes, konkretes Denken – das Reden von Geburt darf nicht als nur körperlich verstanden und wir Frauen darauf als auf unsere einzig richtige Gabe und Aufgabe eingeengt werden –, die Fähigkeit, ich zu sagen, anstatt sogenannte objektive ewige Wahrheiten zu verkündigen. Vielleicht bringen wir auch eine neue Sicht von Sünde und Erlösung mit. Wir sind nicht die Himmelstürmenden, sich selbst Überhebenden, nach den Sternen Greifenden, die zuerst erniedrigt werden müssen, bevor sie sich erheben können. Wir sind eher die, die ihr Leben verfehlen durch Selbstunterschätzung und Selbsterniedrigung und mißverstandene Demut. Wir erkennen uns in der verkrümmten Frau, die von Jesus geheilt und zum aufrechten Gang erhoben wurde. Wir bringen dann aber auch Freude am Leben und Liebe zum Leben mit, zu einem Leben, das Gott geschaffen hat. In 1. Mose 3, 20 hat Eva einen wunderschönen Namen. Sie wird dort die Mutter aller Lebendigen genannt. Diesen Namen möchten wir für uns zurückgewinnen. Wir wollen nicht das Tor zur Sünde sein, aber Mutter alles Lebendigen. Das geht weit über die sogenannte Frauenfrage hinaus. In zunehmendem Maß fühlen wir uns verantwortlich für die Schöpfung, die von uns Menschen kaputtgemacht wird. Wir engagieren uns zusammen mit Männern und doch noch mit einem besonderen Akzent für das Leben und gegen den Tod – gegen den Rüstungswahnsinn, gegen eine sogenannte Sicherheit, gegen eine sinntötende Technokratie, gegen die Übermacht wirtschaftlichen Denkens. Wir wollen nicht nur selber befreit werden, sondern wir setzen uns für die Befreiung aller Unterdrückten ein, der Minderheiten bei uns und der Völker der Dritten Welt zum Beispiel. Wir tun das zusammen mit Männern, aber wir hoffen, daß diese Männer im Einsatz für das Leben der Schöpfung, für Gerechtigkeit, Freiheit und Frieden auch unsere Unterdrückung wahrnehmen und nicht von neuem zu Unterdrückern der Frauen werden. Als christliche Feministinnen verstehen wir diesen Befreiungsprozeß als Befreiung aus der Kraft göttlicher Liebe. Wir hoffen auf eine Kirche, die das alles nicht abtut, die uns Zeit und Raum gibt, das, was gefühlsmäßig da ist, auf unsere eigene Art zu durchdenken, es reifen zu lassen, ohne daß dieser Vorgang durch voreiliges Zurückrufen und ängstliches Ermahnen gebremst oder so radikalisiert wird, daß keine Verständigung mehr möglich ist.

3. Frauen sind heute rascher bereit als die meisten Männer, einen Zusammenhang herzustellen zwischen ihrer eigenen ganz persönlichen Erfahrung und den großen Weltproblemen. Dazu auch noch ein Beispiel aus Vancouver. Zum Thema »Gerechtigkeit und Frieden« faßte eine Inderin, Aruna Gnanadason, ihre Erfahrungen und ihre Einsichten in einer Geschichte und einem Bild zusammen. Sie erzählte eine Geschichte, weil Geschichten die Botschaft von Mut und Hoffnung besser weitertragen als theoretische Abhandlungen. Daraus ein Ausschnitt:

»Die Chipko-Bewegung wurde von Landfrauen in Nordindien organisiert, um ihre Wälder, ihren Unterhalt, ihre Nahrung, ihr Leben zu beschützen. Als die mechanischen Sägen kamen, um ihre Bäume zu fällen, umschlang jede Frau einen Baum, um ihn zu schützen, bereit, ihr eigenes Leben aufs Spiel zu setzen. ›Chipko‹ heißt umschlingen, es war ein Schlüsselwort für die Forderung der Frauen eines ganzen Stammes für Leben in seiner ganzen Fülle. Der Kampf dieser Frauen richtete sich gegen das ›Beast‹, das Ungeheuer, das über die Ressourcen der Welt verfügt, über das Land, das Kapital, menschliche Arbeit und sogar über den Geist von Menschen.«

Aruna schilderte dann, wo und wie dieses Ungeheuer sich konkret manifestiert, und zog aus der erzählten Geschichte den Schluß eines ebenso konkreten Engagements für die christlichen Kirchen im Kampf gegen Ungerechtigkeit und Gewalt und für Leben und Frieden. Daraus auch einige Sätze:

»Aus unserer eigenen Lebenserfahrung als Frauen wissen wir, daß gefährdete menschliche Beziehungen zwischen Partnern geheilt werden können, wenn einer von beiden es wagt, einen ersten Schritt zur Versöhnung zu tun. Das ist auch wahr in der Politik und in Konflikten unter Völkern. Die Kirchen sind dazu aufgerufen, sich für erste Schritte auf Versöhnung und Abrüstung hin einzusetzen.«

Dieser Appell fand wenig Echo. Ganz kluge Theologen wollten wissen, ob das »Beast« identisch sei mit dem »Tier aus dem Abgrund« der Apokalypse. Für andere wurden vermutlich komplizierte und komplexe Zusammenhänge im Bild des Ungeheuers zu sehr vereinfacht. So geht das doch nicht! Da wurden ganz naiv Erfahrungen aus dem einen Bereich in einen anderen übertragen, von indischen Landfrauen auf das Handeln der Kirchen, aus dem persönlichen Bereich in die Politik. Dabei spürte man – spürte ich jedenfalls hinter den Worten dieser Frau – Gelebtes und Erlittenes. Ist in thematisch bestimmten, immer noch von einer Mehrheit von Männern geprägten Arbeitssitzungen nur analytisches Denken möglich? Die Parallele zu dem, was den Frauen am Ostermorgen und nachher in der Geschichte der Kirche geschah, drängt sich auf.

Was würde wohl aus unseren Kirchen, wenn sie die Erfahrungen von Frauen wirklich ernst nehmen würden? Und dann eben nicht nur von Frauen, sondern auch von allen anderen zum Schweigen, zur Sprachlosigkeit Verdammten?

Ich möchte diese Vorlesungen mit der Betrachtung von zwei neutestamentlichen Stellen abschließen, deren eine mich durch mein ganzes Leben begleitet hat und deren andere mir in den letzten Jahren zunehmend wichtig geworden ist. Ich beginne mit der zweiten – Markus 10, 42–45:

»Und Jesus ruft sie zu sich und sagt zu ihnen: Ihr wißt, daß die, welche als Fürsten der Völker gelten, sie knechten und ihre Großen über sie Gewalt üben. Unter euch ist es aber nicht so, sondern wer unter euch groß sein will, sei euer Diener, und wer unter euch der Erste sein will, sei der Knecht aller; denn auch der Sohn des Menschen ist nicht gekommen, damit ihm gedient werde, sondern damit er diene und sein Leben gebe für viele.«

Erzählt wird vorher etwas ganz Einfaches. Zwei der Jünger möchten gerne ein Privileg, sie möchten »in seiner Herrlichkeit« die Ehrenplätze an seiner Seite. Jesus verweist sie darauf, daß das kein leichter Weg wäre, daß sie sein Leiden teilen müßten und daß es ihm überhaupt nicht zustehe, solche Plätze zu vergeben. Dann folgen die Sätze, die ich eben gelesen habe. Auch hier geht es sehr menschlich zu. Die übrigen Jünger ärgern sich über die beiden, die nach den Ehrenplätzen greifen wollen. Vermutlich hätten sie selbst diese auch gerne gehabt. Jesus versucht, ihnen klarzumachen, daß sie überhaupt nicht begriffen haben, worum es ihm eigentlich geht, nämlich um den Aufbau einer Gemeinschaft, die anderen Gesetzen folgt. Die eine ist die, die in der sogenannten Welt Tag für Tag abläuft, »daß die, die als Herrscher der Völker gelten, Herrenrechte gegen sie üben...« (Übersetzung von E. Schweizer, zweimal »Herren«!) Wir kennen viele Formen solcher Herrschaft – in diesen Vorlesungen ist sie immer im Zusammenhang von Patriarchat, vom Herr-Sein im wörtlichen Sinn verstanden worden, was nicht bedeutet, daß die Welt monokausal zu deuten wäre. Doch wie dem auch sei – klar ist der Hinweis oder die Feststellung von Jesus: »Unter euch *ist* es nicht so.« Nicht es soll (oder gar: es sollte) nicht so sein, sondern es ist nicht so. Jesus stellt, wie auch E. Schüssler-Fiorenza ausführt, diejenigen, die er beruft, in eine neue Form von Gemeinschaft, von Gesetzmäßigkeit. Er bezeichnet diese Gemeinschaft mit einem Wort, das für viele von uns mit Schutt überlagert ist, mit dem Wort »dienen«. Ganz besonders für uns Frauen ist es ein schwieriges Wort. Wir sollten ja schon immer dienen: »Dienen lerne beizeiten das Weib nach seiner Bestimmung« (Goethe) – dienen im Hause, in der Familie, in der Kirche usw. Ich habe mich darüber hinaus gefragt, warum dieses Wort für uns so schwierig geworden ist. Wohl deshalb, weil in unserer Tradition »dienen« praktisch hieß, sich an die Stärkeren anzupassen. Es hatte mit »folgen« (gehorchen) zu tun, nicht mit nachfolgen, denn Nachfolge zur Zeit Jesu war etwas sehr Unangepaßtes, Selbständiges. Es brauchte einen Entschluß, alles zu verlassen, den Entschluß zum Exodus. »Folgen« aber hatte zu tun mit sich unterziehen, sich einem Willen fügen, den eigenen Willen brechen. Es hieß dann zwar, das sei der Wille Gottes, aber dieser wurde auch in der

128

Kirche nur zu oft repräsentiert durch den Willen von irgendwelchen Vätern und Herren. Sie leiteten zwar theoretisch ihr Herrsein von Gott ab, aber faktisch prägten sie Gottes Bild nach ihrem eigenen.

Aus all diesen Gründen muß ich gestehen, daß ich mit dem Wort »dienen« immer noch Mühe habe, aber es geht mir besonders darum gegen den Strich, weil das Ausnützen jeder Form von Dienst gerade auch im Blick auf uns Frauen so nah gelegen hat. Und das wird hier scheinbar von Jesus bestätigt, aber nur scheinbar. Jesus redet an dieser konkreten Stelle zu seinem engsten Jüngerkreis, also zu Männern. Für mich verliert das Wort »dienen« viel von seiner Schwierigkeit, wenn es für Männer und Frauen gesagt wird, und ich kann die alten Klischees, die noch tief in meinem Herzen sitzen, noch besser ablegen, wenn ich begreife, daß Jesus seinen eigenen Weg als einen des Dienens verstanden hat. Dieser Weg war ganz und gar kein Weg der Anpassung. Er war ja gerade nicht fügsam, hielt sich nicht an die Spielregeln der Gesellschaft, in der er lebte. Er wollte auch nicht der König sein, den seine Jünger gerne aus ihm gemacht hätten. Sein Einzug in Jerusalem war im Grunde genommen recht bescheiden.

Vielleicht sollten wir uns an ein paar Geschichten aus seinem Leben erinnern. E. Schüssler-Fiorenza hat nachgewiesen, daß in der synoptischen Tradition siebenmal erwähnt wird, daß die Ersten die Letzten und die Letzten (Sklaven und die Frauen, die ihnen gleichgestellt waren) die Ersten sein würden. Die berühmteste Geschichte ist Markus 9, 35, wo Jesus ein Kind seinen Jüngern gegenüberstellte, die sich auch dort darüber stritten, wer der Größte sei. Aber es gibt auch andere Beispiele. Jesus hat mit ganz verschiedenen Menschen Tischgemeinschaft gehalten, er hat auch mit den Reichen gegessen, aber hat dort zu deren (und seiner Jünger) Ärgernis zugelassen, daß eine Frau – und dazu noch eine Sünderin – ihn salbte (Lukas 7, 36). Er saß also als ein Freier an den Tischen der Reichen.

In der Gemeinschaft, die er aufbaute, hatten nicht nur die verachteten Zöllner, die aus der Unterschicht stammenden

Jünger, sondern auch die Frauen Platz, die ja auch am Rande standen, deren Wort nichts galt. Aber eben, es ging nicht einfach um eine Umkehrung der bestehenden Verhältnisse, sondern darum, daß zwischen denen, die Jesus, dem Wanderprediger, folgten oder ihn in ihren Häusern aufnahmen wie zum Beispiel Martha und Maria, gesellschaftliche Schranken wegfielen.

Dieser Weg, diese Art von Gemeinde hat sich nachher rasch gewandelt und hat sich an die herrschenden Verhältnisse angepaßt. Aber gerade darum scheint es mir wichtig, Texte wie diesen zu lesen, neu zu entdecken. Das gibt vielleicht auch ein neues Verständnis für den Tod Jesu als konsequentes Zuendegehen eines Weges ohne Rücksicht auf sich selber. Jesus erwartet von denen, die ihm nachfolgen, daß sie dies Risiko auch eingehen. Wieso dieses Risiko? Ich glaube, daß eine Gemeinschaft, die grundsätzlich die Notwendigkeit von Herrschaft ablehnt, provozierend wirkt, gefährlich ist. Es ist zwar eine Gemeinschaft gegenseitiger Liebe, von vollem Ernstnehmen aller, der Schwachen und der Starken, aber wenn das in Frage gestellt wird, was einfach so gilt, wenn die bestehenden Macht- und Unterordnungsverhältnisse in Frage gestellt werden (Mitbestimmung, Mitspracherecht auf allen Ebenen), auch zwischen Männern und Frauen, dann kommt einiges ins Wanken. Dann sieht die Welt anders aus.

Nun kann man natürlich sagen: Das gilt doch nur innerhalb der Gemeinde oder gar im Reich Gottes. Ich glaube das nicht. Ich glaube, wenn wir uns ernsthaft auf diesen Weg machen, wenn unsere Gemeinden wirklich Wege suchen, alle einzubeziehen (ich weiß, daß das ein weiter und schwieriger oder nie vollkommener Weg wäre oder ist), wird das ausstrahlen, es wird ansteckend wirken. Und man wird denken, so etwas sollte doch nicht nur in der Kirche, sondern auch auf anderen Gebieten möglich sein, zum Beispiel in der Wirtschaft, in der Politik, im Umweltschutz. Dort haben bisher immer nur die Experten das Wort. Es ist notwendig, daß die Betroffenen nicht nur gehört werden, sondern auch mitbestimmen können. Nur so kann Vertrauen unter allen wachsen.

Der zweite Text ist Galater 3, 26–28:

»Denn ihr alle seid Kinder Gottes durch den Glauben an Christus Jesus. Denn ihr alle, die ihr auf Christus getauft worden seid, habt Christus angezogen. Da ist nicht Jude noch Grieche, da ist nicht Sklave noch Freier, da ist nicht Mann und Weib, denn ihr seid einer in Jesus Christus.«

Dies war einer der Texte meines Lebens. Klar, daß es mir vor allem um die Aussage über Mann und Frau ging, aber auch der Zusammenhang war wichtig. Diese Stelle kommt sozusagen in allen von Frauen geschriebenen theologischen Büchern vor. Für viele von uns bedeutete sie eine Bestätigung gegenüber der Minderbewertung in der Kirche, und es war eine *biblische* Bestätigung. Sie war Lebenshilfe, gab eine Richtung an, zeigte eine Orientierung, versetzte in eine neue Wirklichkeit, und das noch dazu im Kontext eines Briefes, in dem es um die Freiheit geht: »Ihr seid zur Freiheit berufen« (Galater 5, 13) und wo Paulus leidenschaftlich dagegen kämpfte, daß die von ihm gegründete Gemeinde sich wieder von alten, überholten Gesetzmäßigkeiten fangen ließ (Galater 3, 1; 5, 2; 6, 12).

Voraussetzung des Satzes, der uns am meisten beschäftigte, war »Ihr alle seid Kinder (im Griechischen ›Söhne‹) Gottes durch den Glauben und habt Christus angezogen in der Taufe« – ihr seid in eine neue Wirklichkeit hineingestellt worden. Heute nehmen viele Forscher an, daß es sich in diesen Versen um ein altes Taufbekenntnis handelte, das Paulus übernahm. Doch wie immer – worin bestand die neue Wirklichkeit? Es werden drei Formen von Über- und Unterordnung, von Dazugehörigkeit und Ausschluß genannt:
Jude(nchrist) – Grieche (Heidenchrist)
Sklave – Freier
Männlich – Weiblich (die gleichen Wörter wie in 1. Mose 1).

In der von Jesus geschaffenen Gemeinschaft sind die Schranken zwischen diesen Menschen aufgehoben, sie bilden gemeinsam den Leib Christi.

Die große Frage dabei ist auch hier: Gilt das nur »vor Gott«

oder auch in der kirchlichen und sozialen Realität? In vielen Kommentaren ist zu lesen, das gelte nur vor Gott und sei erst im Reich Gottes verwirklicht. Folgerungen für heute zu ziehen sei darum nicht zulässig. Ich halte das für eine Verkürzung und Verfälschung biblischer Aussagen und meine, wir sollten die Aufhebung der Schranken und die Zusammengehörigkeit im Leibe Christi mit allen Folgen für die Kirche und die Gestaltung der Gesellschaft ernst nehmen.

Dann würde es sich erweisen, daß in der Bibel Texte enthalten sind, die eine noch längst nicht erschöpfte Sprengkraft enthalten, und daß etwas von dieser Sprengkraft freigesetzt würde.

Vielleicht können wir Frauen, kann die »Frauen-Kirche« hier helfen. Wir wissen aus Erfahrung etwas von Gegenseitigkeit, von abwechselnd stark und schwach sein dürfen, von wechselnden Autoritäten, von gegenseitiger Ermächtigung, von einander ernst- und annehmen, von zuhören, von allein gelassen werden und doch weitergehen. Wie lange wird die Kirche der Männer brauchen, um auf herrschaftsfreie Strukturen zuzugehen? Wir können nicht zurück in die Formen der Urkirche, auch wenn wir sie als Modell und Vision brauchen, wir können aber vorwärts in eine schwesterliche, brüderliche, menschliche Gemeinschaft, eine Kirche der Befreiung und des vollen Menschseins für alle. Ich gebe die Hoffnung nicht auf, daß Jesus mit der Kraft seiner Liebe und die Gemeinschaft der Sophia / des Geistes mit uns ist und daß auch Patriarchen lernen können, auf Macht und Gewalt zu verzichten, weil sie es nicht mehr nötig haben, sich auf diese Weise durchzusetzen.

Anmerkungen

1 One World, hrsg. vom ÖRK, März 1986
2 CONCILIUM, Heft 6, Dez. 1985, S. 387
3 a.a.O., S. 387f.
4 Hennecke-Schneemelcher, Neutestamentliche Apokryphen, 1. Bd. Evangelien, S. 180
5 Elaine Pagels: Versuchung durch Erkenntnis, S. 50ff., Insel Verlag 1981
6 Elisabeth Moltmann-Wendel: Ein eigener Mensch werden. Frauen um Jesus, GTB Siebenstern 1006
7 Dorothee Sölle: Die revolutionäre Geduld, Fietkau Verlag, Berlin 1974
8 Davida Foy Crabtree: Women's Liberation and the Church, Risk, Vol. 7, Nr. 1, 1971
9 The Woman's Bible, neu hrsg. von Seattle Coalition Task Force on Women and Religion, 1974, S. 8
10 ... im Sinne der Gerechtigkeit und der Demokratie ... Referentenführer zur Frage der Einführung des Frauenstimm- und Wahlrechts in eidgenössischen Angelegenheiten, hrsg. von der Arbeitsgemeinschaft der schweizerischen Frauenverbände, Bern 1958
11 a.a.O., S. 70ff.
12 Elisabeth Moltmann-Wendel: Das Land, wo Milch und Honig fließt, GTB Siebenstern 1985, S. 84
13 Catharina J. M. Halkes: Gott hat nicht nur starke Söhne. Grundzüge einer feministischen Theologie, GTB Siebenstern 371
14 Elisabeth Schüssler-Fiorenza: In Memory of Her, S. 41, Crossroad, New York 1983, S. 41f. und S. 35
15 a.a.O., S. 35ff.
16 Rosemary Radford Ruether: Sexismus und die Rede von Gott. Schritte zu einer anderen Theologie, GTB Siebenstern 488
17 a.a.O., S. 65ff.
18 Catharina J. M. Halkes: Suchen, was verlorenging, GTB Siebenstern 487, S. 73ff.

19 Mary Daly: Jenseits von Gottvater, Sohn und Co. Aufbruch zu einer Philosophie der Frauenbewegung, Frauenoffensive 1980, S. 49

20 Halkes, a.a.O., S. 74

21 Heide Göttner-Abendroth: Die Göttin und ihr Heros, Frauenoffensive, München 1980, S. 17 und 20

22 Carol Christ: Why Women need the Goddes, in: Woman spirit rising, Harper and Row, 1979

23 a.a.O., S. 72

24 Hanna Wolff: Jesus der Mann. Die Gestalt Jesu in tiefenpsychologischer Sicht, Radius-Verlag, 1975, S. 80 ff.

25 Radford-Ruether, a.a.O., S. 166

26 a.a.O., S. 169 f.

27 Elaine Pagels: Versuchung durch Erkenntnis, Insel Verlag, 1981

28 Catharina J. M. Halkes: Gott hat nicht nur starke Söhne, S. 42 f.

29 zitiert von Visser't Hooft in seiner Einführung zum Buch von Kathleen Bliss, Frauen in den Kirchen der Welt, Laetare Verlag, Nürnberg 1954

30 Catharina J. M. Halkes: Suchen, was verlorenging, S. 100 ff.

31 Augustin, Bekenntnisse, dtv-bibl. 6120, 1982

32 Augustin, Buch III/1

33 Buch VIII/7

34 Buch VI/15

35 Buch VIII/11

36 Augustinus, De nupt. et concup. 1, 9 – zit. nach D. S. Bailey: Mann und Frau im christlichen Denken, Klett Verlag, 1963, S. 307

37 Gertrud Heinzelmann: Wir schweigen nicht länger, Interfeminas-Verlag, Zürich 1962

38 Summa Theol. II–II, 10, 11

39 Karl Barth, Kirchliche Dogmatik III, 1 S. 207

40 a.a.O., S. 207

41 a.a.O., S. 208

42 a.a.O., S. 213

43 a.a.O., S. 344

44 a.a.O., S. 345

45 a.a.O., KD III, 2, S. 347

46 zit. bei Rosemary Radford Ruether, a.a.O., S. 203

47 zit. in Mary Daly: Gyn/Ökologie, eine Meta-Ethik des radikalen Feminismus, Frauenoffensive, 1982, S. 201

48 a.a.O., S. 203

49 a.a.O., S. 215

50 Elga Sorge: Religion und Frau. Weibliche Spiritualität im Christentum, Kohlhammer Taschenbücher 1038, 1985

51 a.a.O., S. 103

52 a.a.O., S. 107 ff.

53 a.a.O., S. 111

54 Zitat aus »Center of Concern«, Washington, Issue 58, Januar 1984

55 Zitat aus »Wir schweigen nicht länger«, Gertrud Heinzelmann, a.a.O., S. 20
56 ÖRK Studie, »Die Gemeinschaft von Frauen und Männern in der Kirche«, hrsg. von Constance F. Parvey, Neukirchener Verlag, 1985
57 Taufe, Eucharistie und Amt. Konvergenzerklärung der Kommission für Glauben und Kirchenverfassung des ÖRK, Verlag Otto Lembeck, 1982, § 18
58 Zit. nach Schweiz. Evang. Pressedienst, Zürich, 24. 2. 1985
59 Church Times, 23. 11. 1984

Monika Barz / Herta Leistner / Ute Wild
Hättest du gedacht, daß wir so viele sind?
Lesbische Frauen in der Kirche
Mit einem Vorwort von Marga Bührig und Else Kähler
240 Seiten, kartoniert

Über der lesbischen Existenz liegt in Vergangenheit und Gegenwart ein dichter Schleier des Schweigens. Die Autorinnen des Buches wollen zum Prozeß des Sichtbarmachens beitragen, weil sie ihre Lebensform als einen positiven, eigenständigen Beitrag zum Thema der menschlichen Beziehungen verstehen. Ihre Darstellung stützt sich auf Selbstaussagen von 150 Frauen, die als haupt- und nebenamtliche Mitarbeiterinnen in den Kirchen tätig sind.

Die Autorinnen möchten anderen lesbischen Frauen Mut machen, die Herausforderung ihres sogenannten »Andersseins« anzunehmen, im Wissen darum, daß es Schwestern gibt, und sie wollen die sogenannten »normalen« Frauen und Männer in den Kirchen einladen, sich dem Thema des Buches zu stellen.

Die politischen Dimensionen lesbischer Existenz liegen darin, daß lesbische Frauen nicht allein der geltenden Gesellschaftsnorm der Heterosexualität widersprechen, sondern ebenso der patriarchalen Vorstellung, daß die Frau nur über den Mann definiert werden kann. Lesbische Frauen bezeichnen sich selbst als Frauen-identifiziert.

Zahlreiche Selbstaussagen geben Aufschluß über die Schwierigkeiten lesbisch veranlagter Frauen, zu ihrer Identität zu finden, weil ihnen Kenntnisse und Vorbilder vollständig fehlen. Viele glauben, sie seien die einzigen auf der ganzen Welt. Wenn sie Beratung und Therapie in Anspruch nehmen, erleben viele, daß ihnen als Lösung ihrer Probleme eine heterosexuelle Beziehung vorgeschlagen wird. Selbst unter Beratern und Therapeuten ist die Unkenntnis weit verbreitet, ein Akzeptieren lesbischer Existenz keineswegs selbstverständlich.

Kreuz Verlag

Norbert Sommer (Hrsg.)
Nennt uns nicht Brüder!
Frauen in der Kirche durchbrechen das Schweigen
384 Seiten mit 54 Porträtfotos, kartoniert

Viele Autorinnen dieses Sammelbandes, der aus einer Sendereihe des Saarländischen Rundfunks hervorging, erheben ihre Stimme nicht zum ersten Mal. Marianne Dirks, Catharina Halkes, Hildegard Hamm-Brücher, Petra K. Kelly, Elisabeth Moltmann, Ruth Rehmann, Luise Rinser, Luise Schottroff, Dorothee Sölle, Vilma Sturm, Hildegard Zumach und viele andere haben auch in den letzten Jahren keineswegs geschwiegen. Trotzdem hat sich in den Kirchen beider Konfessionen noch wenig geändert. Noch immer sehen sich Frauen in der Kirche vereinnahmt unter der Bezeichnung »Brüder im Herrn«, noch immer werden ihnen, besonders in der katholischen Kirche, die meisten Ämter verwehrt. Dabei geht es der christlichen Frau heute nicht etwa um Machtpositionen. Nicht um ihrer selbst willen, sondern um der leidenden Menschen willen erhebt sie ihre Stimme, damit der Geist Jesu in der Kirche wirksam werden kann und damit weibliche Spiritualität.

»Das kecke Buch, das aus einer Sendereihe des Kirchenfunks heraus entstanden ist, enthält 54 Kurzbeiträge von katholischen und evangelischen Frauen aus der Bundesrepublik, der Schweiz, der DDR, aus Frankreich, Österreich und den Niederlanden. Sie fordern eine innere Reform der Kirchen und sind auch bereit, sie mitzutragen. Aus den einzelnen Beiträgen spricht so viel Eigenständigkeit, Mut und nicht selten auch Charme und Humor (ein Beitrag heißt denn auch treffend ›Mehr Phantasie, Charme, Weisheit und Humor‹), daß die Lektüre geradezu vergnüglich ist.«
Mirjam (Christliche Zeitschrift für die Frau)

Kreuz Verlag